日本／フィリピン歴史対話の試み

グローバル化時代のなかで

永野善子

御茶の水書房

日本／フィリピン歴史対話の試み——グローバル化時代のなかで　目次——

目　次

日本／フィリピン歴史対話の試み——グローバル化時代のなかで

序章　記憶からポストコロニアルへ——「知の植民地」状況を超えるために

はじめに

二一世紀が始まって一五年が経過しようとしている。日本は前世紀最後の一〇年間にバブル崩壊という負の遺産を背負って新世紀を迎え、二〇一一年三月に東日本大震災を経験した。そして二〇一五年には「戦後七〇年」となり、近隣アジア諸国との関係が急速に変化するなかで新たな時代に向かいつつある。新しい時代における日本社会のあり方とはどのようなものであるべきか、とりわけ激変するアジア情勢に対応しながら、日本人が近隣アジア諸国の人々とどのように向き合うべきかが、いままさに問われている。

社会科学を志してきたひとりの研究者として、一九八〇年代後半のバブル経済の時代からその崩壊を経験した九〇年代初頭までの日本と、東日本大震災という地震・津波・原発事故の未曾有の複合災害を経験した今日の日本の状況を比較すると、この大きな社会変容を「克服しなければならない危機」として認知する状況にある後者の方が、「よりまっとうな社会」ではないかとすら思えてくる。その理由はただひとつ――元来、無責任・無反省な社会のなかにも、「責任」と「反省」の必要性がわずかなりにも問われているからだ。

かのベネディクト・アンダーソンがその名著『想像の共同体』を出版したのは一九八三年、そしてP・A・コーエン著『知の帝国主義——オリエンタリズムと中国像』が出版されたのは一九八四年であった。まさにアメリカ経済がレーガン政権のもとでどん底の危機に瀕し、その社会がいまだベトナム戦争の失敗の呪縛から自由になれないでいた頃である。アメリカのアジア研究者たちが今日に残る名著を残したのは、第二次世界大戦後、アメリカが国家存亡の危機に直面していたときであった。これに対して、一九九〇年代に入ってからは、「冷戦に勝利したアメリカ」の誇らしげな顔が見え隠れする論述がとりわけ目立つようになった。

この間、日本のアジア研究はどのように進められてきたのだろうか。ひとつの傾向としていえることは、「アメリカ人研究者が何を語っているのか」に注目してきたように思う。これに対して、バブル経済の時代には、衰退傾向にあるアメリカのアジア研究を横目でにらみながら、「日本のアジア研究の水準の高さ」にむしろ関心が向いていたように思われる。二一世紀初頭の今日の日本におけるアジア研究に要求されているのは、日本社会の危機をみすえながら、もう一度原点に立ち戻って地道に研究を進める姿勢であろう。それは、「アメリカのアジア研究は衰退傾向にある」としてアメリカ人による研究をたんに無視するのでもなく、アメリカ人研究者の議論を鵜呑みにすることでもないことだろう。

私の目からすると、アメリカのアジア研究は、今日においても、その理論と構想力においてきわめて強靱な影響力を行使し続けている。私たちは、いまここでその意味と問題点を、アジア地域の研究者たちとの対話を繰り返しながら、ふりかえる必要があるのではなかろうか。それと同時に、日本や日本人の姿を等身大で眺める余裕がでてきた、近隣アジア諸国の人々の声にこれまで以上に耳を傾けることが求められている。

こうした観点から、ここでは、日本における「記憶」と「ポストコロニアル」をめぐる議論を取り上げながら、日本における「知の植民地」状況を超える可能性を模索することにしたい。

1　記憶のかたち

日本国内で「記憶」と「物語」がさまざまな論壇で語られるようになってすでに久しい。東南アジア研究、とくにフィリピン経済史を専攻し、政治史や文化史への関心が薄かった私の耳にも、否応なしにこの二つの用語が届くようになった。今から十数年ほどまえにもなろうか、ようやく重い腰をあげて、「記憶」や「物語」が当時どのように語られているのかを知ろうとしたとき、思わず手にしたのが、阿部安成・小関隆ほか編『記憶のかたち――コメモレイションの文化史』（柏書房　一九九九）である。

この本の執筆者八人のうち五人が一九六〇年以降の生まれであり、気鋭の研究者たちが中心となって編集されている。「歴史と人間」研究会が一九九七年にシンポジウムを開催したことが、本書を編集するきっかけとなったという。果たして私に理解できるものなのか少々不安もあったが、ひととおり目をとおしてみると、「記憶のかたち」が「国民の物語」と密接な関係をもっていることを知ることができた。

そもそも、本書の副題にある「コメモレイション」とは何か。「序章　コメモレイションの文化史のために」（小関隆）によれば、「コメモレイション commemoration」とは、過去の出来事や人物を記念もしくは顕彰しようとする行為である。とくに国民国家のフィクション性が指摘されるようになり、そうしたフィクションを構築する手段としてのコメモレイションへの関心が高まった。この本では、そうした状況のなかで、コメモレイションを「記憶のかたち」として把握して、そこに込められた過去のビジョンやその機能を解明することが目的とされた。

ある共同体の内部には、細分化された複数の「記憶の共同体」が存在していて、それらの複数の共同体は複数の雑多な記憶を抱えている。これらの雑多な記憶のうち、共同性を有効に保証し、過去の認識として広く認知されたものが「公共の記憶 public memory」である。公共の記憶は、時には、さまざまなレベルのヘゲモニーをとおして、みずからと相対立する個の記憶や集合的記憶を排除・抑圧することによって構成される。この公共の記憶を歴史のレベルで「ネイションの物語」として表現したのが「国史 nationalhistory」である。国史、もしくは、「正史 official history」は、国民国家を支配する権力の正統性を裏書きする役割を果たすため、公共の記憶の座をめぐる闘争は不断に進行することになる。とすると、公共の記憶、とりわけ、「ネイションの物語」を批判的に検討するためには、何が必要なのだろうか。

小関によれば、それは人間が多様で複合的なアイデンティティから構成されることを強調して、個々のアイデンティティを文化的な表象として扱う文化史の視点であるという。こうした視点の提起は、国民や国民国家という枠組のなかで、記憶のかたちを議論することに積極的意義を見出しえないことを示唆する。小関によれば、E・P・トムスンがイギリス労働者階級の研究をとおして提起した「下からの社会史」においては、下層民衆の生の「救出」という試みも、あらかじめ「公共の記憶が語ろうとする「ネイションの物語」を慎重に解体しておかないと、……下層民衆をもネイションの一員として認知するという意味で、「下からの社会史」がナショナリズムに加担することになりかねない」、なぜなら「変わったのは、かつては顧慮されなかった民衆の記憶が公共の記憶の一部に組み込まれたこと、それだけ」(阿部・小関ほか編 一九九九：一五)だからだ。

2　記憶はナショナリズムを超えるのか

私たちは、個々のアイデンティティを文化的な表象として扱う文化史の視点にたつことによって、「ネイションの物語」、つまり「国民の物語」を超えることができるのだろうか。

冷戦終結後、グローバリゼーションに関わる議論が闊歩するようになり、そのなかで、グローバリゼーションに対抗する概念してのイデオロギーやナショナリズムには、その陳腐性ゆえに批判的なまなざしが向けられるようになった。しかし、果たして、私たちは、ナショナリズムや国民国家という枠組を完全に超えて、冷戦終結後の時代を生きることができるのだろうか。国民国家を複合的なアイデンティティ集団に解体して個々の集団のアイデンティティを文化的な表象としてとらえながら、個々の集団の特徴的な記憶のかたちを追究することによって、新たな歴史意識や歴史叙述の方法が見出せるのだろうか。

その可能性は一方において無限大に広がっているようにも思われる。しかし、他方においては、国民国家や国民という概念を複数の集団に分解し、個々の集団の記憶のかたちのあり方を並列しただけに終わる危険性をはらんでいるといわねばならない。無限大に広がるグローバリゼーションのもとで、国民国家や国民が実体として解体されるのならば、それでよいのかもしれない。しかし、私たちは、依然として、ほとんどの場合、個々の国民国家のなかで生まれ、国語をとおして国民として育ち、意識的にせよ、無意識にせよ、思考様式のなかに国民という殻を背負っている（萱野稔人『国家とはなにか』以文社　二〇〇五）。そうだとすれば、「国民の物語」を「解体」するまえに、私たちの記憶のかたちを知るためにまず行うべき作業は、「国民の物語」の枠組のなかで記憶のかたちがどう構築されているのかを具体的に議論することであろう。

3 記憶の日米比較

こうした視点にたつと、戦争をテーマとして日米の記憶のかたちの構造的差異を照射した、藤原帰一『戦争を記憶する――広島・ホロコーストと現在』（講談社現代新書 二〇〇一）が、快適な読み物となる。「記憶のかたちをめぐる日米比較」がなぜいま必要なのか、と思われる読者も少なくないかもしれない。太平洋の両岸に位置する日本とアメリカとの間を、今日多くの人々が往来し、大量の情報が行き交うなかで、多くの日本人はアメリカ人をすでによく知っていると思い込んでいるし、他方、多くのアメリカ人は日本や日本人を彼らが必要と思う範囲で理解していると考えているようだ。しかし、この二つの国に住む国民の多くは、お互いが思い込んでいるほど相手を知らない。日米両国の国民の間に存在する、二つの思考様式をめぐる断層は、ほとんど接合不可能なほど限りなく深いのである。にもかかわらず、この断層とその構造について、正面から議論した著書は以外と少ない。

藤原は、日本人とアメリカ人にとっての第二次世界大戦の意味を探るため、広島の平和記念資料館とワシントンのホロコースト記念博物館を比較する。広島の平和記念資料館の展示の中心は、原爆の被害を伝える被爆資料と遺品であり、「ヒロシマを世界に」伝えている。これに対して、ワシントンのホロコースト記念博物館では、ナチスドイツによるユダヤ人の迫害と虐殺の歴史が時代を追って詳細に示されている。戦争を記憶する博物館として、広島の平和記念資料館とワシントンのホロコースト記念博物館は、重なる部分が多い。ところが、藤原によれば、「この二つの博物館は、戦争の記憶から引き出された、戦争と暴力についての価値判断が、まるで違う方向を向いている」（藤原 二〇〇一：一九）のである。

広島の記念館は、何よりも核兵器の廃絶を訴えている。核兵器は「絶対悪」とされ、その延長上に、戦争そのものを絶対悪とする考え方がある。これに対して、ワシントンのホロコースト記念博物館は、ナチスドイツによるユダヤ人の迫害といった絶対悪をまえにしたときは、犠牲者を見殺しにせずに戦わねばならない、というメッセージを伝えている。藤原は、広島の記憶とホロコーストの記憶の違いに代表される、日本とアメリカにおける戦争観の違いを、両国における「国民の物語」形成の歴史と今日におけるその意味を分析するなかで明らかにしている。

なかでも「第三章　正しい戦争」の「3　二つの世界大戦とアメリカ」は圧巻である。ここで著者は、ヘミングウェイ、ドス・パソスの文学作品やスタンリー・キューブリック、スティーブン・スピルバーグの映画作品を題材としてアメリカにおける戦争観の変遷を追っている。とりわけ「スピルバーグの戦争表現は、冷戦終結後に大きく変わった」（同前：九一）との指摘は鋭い。キューブリックが戦争を正当化することができない集団的暴力として描いたのに対し、スピルバーグは、一九九三年の「シンドラーのリスト」によって、ホロコーストを再発見し、自己のユダヤ性の再認識を通して、正しい戦争を発見した。アメリカではこうして戦争の否定から肯定へと社会通念が動いたのである。藤原の分析に触れて、私がなぜキューブリック派であって、なぜスピルバーグ派ではないのかを知ることになった。

4　「国民の物語」から日本人の心の闇へ

それぞれの国のなかで、私たちは無意識のうちに「国民の物語」の虜になっている。とりわけ自分が帰属する国家における「国民の物語」のあり方を冷静な目でみつめることは至難のわざである。しかし、今日、幸いにも、私たちは、異文化社会のなかに長期間にわたって身を置く機会に恵まれるようになっている。異文化に触れることによって、自分が帰属する国家と異なる国民がいかなる「国民の物語」をもっているのかを知り、さらに、そのことによって自らが帰属する国家が背負ってきた「国民の物語」をより鮮明に意識するようになる。

このような複数の「国民の物語」(あるいは公共の記憶)の間の往復作業は、いまに始まったことではない。近代日本の出発以来、このような複数の「国民の物語」の出会いと衝突の経験をとおして、現代に通じる最高の文学作品を残したのが夏目漱石であることはあまりに有名である。二年間のロンドン留学中、たえず極度の神経症に悩まされ、帰国後、『吾輩は猫である』『坊ちゃん』『草枕』など話題作を発表し、さらに『三四郎』『それから』『行人』『こころ』などを執筆し、大作『明暗』を未刊のままこの世を去った。

これら一連の作品は、ロンドン留学中の異文化と内なる文化との衝突のなかで続いた長い心の葛藤を乗り越えるための試みであった。それは日本が西欧をひとつの軸として近代化しなければならない時代にあって、日本人の深層心理のなかに重層的・構造的に巣くうことになった、アイデンティティ・クライシスの姿をみごとに描くための長い道程であったとみることもできよう。現代においても漱石が、依然として「数少ない国民的作家の一人」(江藤 淳「解説・漱石の文学」『坊ちゃん』新潮文庫 一九九九:一四一)であることは、今日の日本において、漱石の描いた日本人の心の闇の姿に私たちが共鳴しているからにほかならない。

漱石の作品のなかで描かれた、近代における日本人の心の闇は、小森陽一『ポストコロニアル』(岩波書店 二〇〇一)でも取り上げられているように、日本が近代社会を形成してゆくなかで、日本人が西欧社会の人々に対して「他者」として存在することを強いられながら、近隣アジア諸国の人々に対しては「他者」であることを迫るという、日本の対外関係の二重構造を反映するものであった。この意味で、明治維新に始まる近代国家形成以来、日本人は、一方においてポストコロニアル状況に置かれてきたといえよう。

小森はその著書で、漱石の作品にみるポストコロニアル状況を描くにあたり、まず、開国以来日本が実際に歩んだアジア侵略の軌跡の歴史をたどり、その歴史的変化に符合して漱石がアジア諸国に対する日本の関与について、どのように思考していたのかを明らかにしようとする手法をとっている。しかし、こうした手法をとることによって、漱石の作品がもつ重厚な価値がむしろ「解体」されてしまっているように思えるのは私だけだろうか。

私にとって、ポストコロニアルの視点から漱石文学を分析するということは、一つひとつの作品のなかで、漱石が日本人の意識の姿をどのようなかたちで立体的構造としてとらえようと苦悶していったのか、その動態を明らかにしつつ、その試みが未完作品『明暗』でほぼ完成の域に達していた様子を、作品のなかの物語の展開をとおして漱石の心の鏡に映し出された日本人の内的意識構造を描写することである。そしてそのことを通して、近代社会における日本人の矛盾・錯綜した意識構造において隣国アジアの人々のそれと共通する部分があるのかないのか、異なるとしたら、それはいったいどの部分なのかを比較対照することであろう。

そうすることによって、私たちは、漱石文学を通して、近隣アジア諸国の人々がもつ心のかたちと、彼らに対して侵略者となった日本人の心のかたちとの共通性と異質性を知ることができるのではなかろうか。このような試みは、いうまでもなく、日本人が近隣アジア諸国の人々に対して「他者」として迫った歴史をもつ国に住むと同時に、近隣アジア諸国の人々もほぼ同じ時期に日本人と同様、西欧諸国からの近代化の波にさらされ、西欧から「他者」であることを迫られた歴史をもつ人々であることの意味を私たちにいま一度ここで問いかけることになるだろう。

5　ポストコロニアル研究の可能性

ところで、ここでいう「ポストコロニアル postcolonial」とは何なのか。一九九〇年代以降、カルチュラル・スタディーズが隆盛をきわめるなかで、日本でも何種類もの雑誌でポストコロニアルに関する特集が組まれ、また、単行書でもポストコロニアルについての議論がさまざまなかたちで展開されてきた。そうしたなかで、ポストコロニアルの概念についてやや踏み込んだかたちで解説している論文のひとつに、アリ・ラタンシ（浜邦彦訳）「ポストコロニアリズム——礼賛と疑問」（花田達郎、吉見俊哉、コリン・スパークス編『カルチュラル・スタディーズとの対話』新曜社　一九九九）がある。

ラタンシによると、ポストコロニアルとは、かつて西洋列強によって支配された植民地が形式的に独立を得た、グローバルな時空間におけるひとつの時期として位置づけられるという。それが示すのは、「植民地化／脱植民地化のモメントの間／内部に位置づけられる一連の移行」（ラタンシ　一九九九：六二）である。したがって、それは「第二次世界大戦後」というような狭い時期に限定されるものではなく、広くは一八世紀末葉から二〇世紀のグローバルな世界まで広がっている時空間である。こうした時空間のなかで、ポストコロニアル研究がめざすのは、「「西欧」の帝国主義的・植民地主義的プロジェクトに包含された支配権力と従属集団の両者のアイデンティティの——部分的な——形成における、植民者と被植民者、中心と周縁、メトロポリスの人間と「ネイティブ」によって相互に演じられる構制的な役割」（ラタンシ　一九九九：六三）を分析することにある。

こうしてポストコロニアル研究は、植民地経験をもった地域に関する従来の研究の地平を大きく超える可能性をもつことになる。旧植民地では、欧米諸国や日本などの宗主国によって移入された社会制度のみならず、人々の思考様式や価値観までもが、植民地時代の呪縛の虜になっていることが多いにもかかわらず、植民地時代にその支配を正当化するための論理がいかなるかたちで植民地の人々の思考様式や価値観のなかに沈潜し、独立後においてもその遺制にとりつかれているのかについて、これまで十分な関心が向けられてこなかった。植民地経験をもつ地域の人々の思考様式や価値観にまで踏み込んだ研究を行うことは、研究に従事する者の認識と研究対象となる地域の人々の認識とが正面衝突することになり、研究者と研究対象となる地域の人々の認識の相互発見という契機をも生み出すことになろう。そして、異なる社会意識の相互発見をとおして、ポストコロニアルとは何かについてより深い洞察を得ることができるようになるのではなかろうか。

ポストコロニアル研究をとおして、このような可能性が得られることを示唆した論考として、岡真理「知の地方主義《プロヴィンシャリズム》を越えて——新たなる普遍性にむけて」（栗原彬・小森陽一・佐藤学・吉見俊哉編『越境する知6——知の植民地：越境する』東京大学出版会　二〇〇一）を取り上げたい。現代アラブ文学を専攻する岡は、この論文で、私たちの西洋文学と非西洋文学に対する態度の変化、すなわち、「知の二重基準《ダブル・スタンダード》」に注目する。そして、西洋文学と非西洋文学に接する私たちの態度の違いのなかに、「西洋の経験は普遍的な人間の経験であり、アラブの経験は特殊な世界の特殊な経験であるというような世界観が再生産されているのではないか」（岡　二〇〇一：二七〇）と指摘する。

さらに、岡は、今日もてはやされている多文化主義についても、つぎのような鋭い問題提起をする。すなわち、グローバリゼーションが進行するなかで、文化的抵抗として多文化主義が主張されているが、こうした議論は本質主義的な地方主義に根ざした多文化主義である。西洋＝普遍、非西洋＝特殊という構図が存在する世界では、多文化主義は、西洋中心的な世界認識を解体するどころか、むしろ強化する（同前：二八三）、というのである。そうではなくて、西洋中心主義的に組織された世界観に抵抗するものとして、アラブ文学が積極的役割を果たすことができるとするならば、それは、「私自身が解くべき問いとして」（同前：二八四）、アラブ文学作品と格闘することであると、岡は明快な口調で語っている。

むすび

このようにみてくると、非西欧世界の研究を通じて、私たち日本人が知るのは、自分自身の心の鏡をとおしてみる、日本人の今日の姿ではなかろうか。そうだとすると、それは、漱石の作品に体現されている、近代以来日本人が抱えてきた心の闇――アイデンティティ・クライシスを知ることにほかならないように、私には思えてくる。そうした私の脳裏に浮かんでくるひとつの疑問は、日本でポスト・モダンが叫ばれて久しいが、日本の近代ははたして終わったのだろうか、という何ともやっかいな問題である。

しかし、キャロル・グラック「近代としての二〇世紀――日本の「戦後」を考える」（『世界』一九九七年一一月号）によれば、この問いはひとり日本人が抱えた難題ではないようだ。なぜなら、「我々はいまなお近代人であり」、「新しいミレニアムの突きつけている挑戦は、……近代の終焉とか超克という問題であるよりも、近代によって超克されてヴィジョンのないままに漂いつつつ次のミレニアムへ入ってゆくのを、どうやって避けるかの問題」（グラック　一九九七：一五九）だからである。

二一世紀初頭において私たちに突きつけられている課題とは、近代国家形成以来、日本人が抱えてきた内なるポストコロニアル状況とは何かをその原点に立ち戻りながらみつめつつ、アジアにおけるひとつの国民が一世紀以上にわたって経験してきた「不可逆的な精神変容」としてそれを受け入れることではなかろうか。そしてその重みを背負いながら新たな歩みを続けることによって、私たちは自分自身の「知の植民地」状況を乗り越える道を切り拓くことができるのかもしれない。さらに加えると、いま私たちは、グローバリゼーションの時代のなかで、国民国家とナショナリズムの布置関係の転位についてより先鋭な問題意識をもつことが、求められているように思われる。

この点について、ガヤトリ・C・スピヴァクが示唆に富む発言を行っている。『スピヴァク みずからを語る――家・サバルタン・知識人』（大池真知子訳）（岩波書店 二〇〇八）で、彼女は、現在進行中のグローバリゼーションとは、ヨーロッパとアメリカのグローバル性であるにもかかわらず、あたかもそれが「無色透明なグローバル性」として暗黙のうちに示されていることを指摘する。そしてヨーロッパとアメリカのグローバル性とは、国民国家の連合と結託するものである。こうしたグローバル性の複雑な様相をみなければ、今日のすばやい状況をつかむことはできない（スピヴァク 二〇〇八：一四八）。とりわけ、「文化主義の大都市中心のディアスポラの連帯は、国際的な市民を支配」しており、「しばしば、国家とサバルタンがもつ異種混淆性が失われるまま」となる（同前：一三三）。こうしてなかで取り組むべきことは、「「グローバル・サウスにおける立憲制の場」として抽象的な国家を作りなおすこと」だという（同前 二〇〇八：九二）。

さらに、スピヴァクは、『ナショナリズムと想像力』（鈴木英明訳）（青土社 二〇一一）で、次のように語っている。「……文学の想像力は脱-超越論化するナショナリズムに影響を与えられる、ということです。……私はいま、……人文学を教えることを通じて想像力を鍛えることによって、読み手が書かれたものを受容し、そうしてナショナリズムの同一性を超えて、インターナショナルなものの複雑なテクスト性《テクスチュアリティ》に向かっていけるようにしているのです」(スピヴァク 二〇一一:一二一~一二三)。さらに彼女は、「文学の想像力が、ネイションを脱‐超越論化し続け、地域主義に開かれた国家《ステイト》が行う再配分をいつまでも後押しできるように、人文学における高等教育は強化されねばならないのです」(同前:六一)、ともいう。ここにおいてスピヴァクは、文学をとおして、ナショナリズムのインターナショナルなものへの転移とその連関関係を描き出している。

訳者の鈴木英明によれば、これは「……抽象的な構造体としての国家《ステイト》からネイションを引き離し、ナショナリストが唱えるアイデンティティ主義を捨て、再配分という正義を実現しつつ批判的地域主義に開いていく国家《ステイト》を再発明することである。……しかしこれは、新自由主義的グローバリゼーションと国民国家《ネイションステイト》との共犯関係を断ち切り、ひとつの国家《ステイト》での再配分だけではなく、インターナショナルな再配分という正義をも実現するためのエージェントとして国家《ステイト》を再発明すること」(同前:九七)、となる。

このスピヴァクによる、「批判的地域主義にもとづく抽象的構造としての国家の再創成」は、『国家を歌うのは誰か?――グローバル・ステイトにおける言語・政治・帰属』(ジュディス・バトラー、ガヤトリ・スピヴァク 武村和子訳、岩波書店 二〇〇八:五五~七四)でも提起されている議論である。こうした問題提起は、今日深化するグローバリゼーションに対して批判的な目を向けつつ、地域社会や国家をみずからの日常のなかからどのように組み替えていくべきなのか、その思索の過程とも重なり合うものといえよう。さらに、多様化するアジアにあって、日本社会をどう再構築してゆくべきなのか、私たち自身の問題とも深いつながりをもっていることはいうまでもない。

以上の問題意識のもとで、本書では、第1章と第2章において、東南アジアに位置しスペインとアメリカによる数世紀にわたる植民地支配を経験したあと、アジア・太平洋戦争時代には日本による軍事的占領下に置かれたフィリピンの近年における歴史をめぐる新しい接近方法や論争を紹介し、フィリピン歴史研究におけるポストコロニアル的介入の意味について議論してゆきたい。第3章は、私自身が関わったフィリピン歴史研究に関する翻訳作業の体験から、フィリピン人歴史家たちが英語をとおして同国人であるフィリピン人や欧米圏の研究者向けに執筆した著書を、日本人向けに日本語に翻訳するためには、どのような文化的かつ言語的操作が必要であるのかを事例的に示してゆく。

ついで「9・11から未来社会」をテーマとして、二〇〇一年に岩崎稔氏と吉見俊哉氏をお招きして行った座談会を圧縮したかたちで再録する。十数年前の座談会であるが、グローバリゼーションのもとで日本社会が抱えている問題や日本におけるアジア研究の課題についてのここでの議論は、今日においても共通するものである。また、この座談会の内容は、本書の第4章や第5章への流れをつくる意味をもっている。

さらに、第4章と第5章では、日本と隣国フィリピンの関係について、歴史と現在の双方からアプローチする。これまでともすれば、日本はかつての「帝国」であり、フィリピンは「植民地」であったという側面から、両国の関係についてさまざまな議論がなされてきた。これに対して、この二つの章では、日本とフィリピンを同一の土俵において比較することを試みたい。第4章では、アメリカをひとつの光源として、国民表象としての、フィリピンにおけるホセ・リサールと日本の象徴天皇制を比較し、日本とフィリピンの二つの社会にアメリカ性が内在する意味を析出する。他方、第5章は、現代の日本社会におけるアメリカ性を探る意味で、かつてエンタテイナーとして来日したフィリピン人女性と日本人男性の国際結婚を事例として、フィリピン人が日本のなかに「第二のアメリカ」を意識し、他方、日本人はフィリピンのなかに日本より先行した「アメリカ文化」の受容状況を見出している点に着目する。

そして終章では、ポストコロニアルの視点から一歩進んで、植民地近代性の概念を検討し、植民地近代性からの新しい歴史研究のアプローチの可能性について検討を加える。こうした文脈のなかで、本書では、帝国アメリカのもとに日本とフィリピンを対峙させることによって、日本における「知の植民地」状況を超えるための方向性を見出す糸口を探ることをめざすものである。

第1章　フィリピン研究とポストコロニアル批評

はじめに

本章では、フィリピン人研究者によるポストコロニアル研究の取り組みを紹介したい。こうした試みをここで行う第一の理由は、長らくフィリピン研究に従事してきた私がポストコロニアル研究に接近するとしたら、その最短距離はやはりフィリピン研究をとおしてであること、そして第二の理由は、東南アジア諸国のなかでフィリピンが第二次世界大戦後の独立以降も旧宗主国と持続的関係を持ち続けた数少ない国であることにある。事実、フィリピンは独立後も長期にわたり旧宗主国のアメリカと緊密な軍事的・政治的・経済的関係を維持したため、植民地支配のもとで受けたアメリカの文化的影響がフィリピン人の思考様式のなかに深淵なかたちで残存することになった。

こうした状況のなかで、近年、フィリピン研究においてポストコロニアル的アプローチへの関心が高まりをみせてきた。しかし、そのことは、フィリピン研究において明示的なかたちでポストコロニアル研究に従事する研究者たちがひとつのグループとなって著作活動を行っていることを意味するものではない。そうではなく、比較文学・政治学・歴史学などの諸分野における近年のフィリピン人研究者による卓越した研究を追っていくと、それらの多くが、ポストコロニアル研究と呼ばれる新たな研究分野を形成しているようにみえる。いいかえれば、本章で取り上げるフィリピン人研究者たちは、ほとんどの場合、みずから「ポストコロニアル研究に従事している」と明言しているわけではない。したがって、本章において、近年におけるフィリピン人研究者による代表的研究活動のいくつかを「ポストコロニアル研究」としてひとまとめにしてとらえるのは、もっぱら私自身の見解にもとづいている。

とすると、フィリピン研究のなかで、ポストコロニアル研究に関わる著作や論考にはどのようなものがあるのだろうか。それらは今日、おもに欧米社会で隆盛をきわめるポストコロニアル研究のなかにどのように位置づけるべきなのだろうか。本章では、こうした問題に接近する手はじめとして、アメリカの大学で比較文学を教授しながら、ポストコロニアル理論に関して批判的な著述活動を続けてきたE・サンフアン・ジュニアの議論を吟味する。ついで、フィリピン革命期の英雄のひとりであるホセ・リサールについて新しい視角からアプローチしたフロロ・C・キブイェンの仕事について検討を加えることにしたい。

一　E・サンフアン・ジュニアのポストコロニアル批判

E・サンフアン・ジュニアは、アメリカに主たる活動舞台を置きつつ、フィリピン研究との関連で、ポストコロニアルに関連した論考をもっとも多く執筆している人物のひとりである。ちなみに、世界の代表的なポストコロニアル批評家の論考もしくは著作の一部を収録した、ダイアナ・ブライドン編『ポストコロニアリズム――文学とカルチュラル・スタディーズにおける批判的概念』（全五巻）の第一巻第二編「マルクス主義・解放・抵抗理論」に収められた一〇本の論文やエッセイのなかにサンフアンの著作が含まれている（Brydon 2000）。この意味でも、サンフアンがこの分野で今日国際的に認知された論客のひとりであることを知ることができる。もっともサンフアンの著作に目をとおすと、彼がポストコロニアル研究に対して一定の距離を置きつつ、こうした研究潮流に対して批判的な論陣をはっていることが確認される。

ここで、サンファンのポストコロニアル研究に対する批判的見解をまとめた著書として、『ポストコロニアル理論を超えて』(San Juan 1998)、『ポストコロニアリズム以後』(San Juan 2000) の二点を挙げよう。アメリカで出版されたこれらの著書のうち、前者の『ポストコロニアル理論をこえて』のなかに、「ポストコロニアル理論対フィリピンの革命的プロセス」と題する論考がある (San Juan 1998: chap. 2)。この論考がサンファンのポストコロニアル研究に対する見解をもっともよく表しているように思われる。前述のブライドン編『ポストコロニアリズム』でも、サンファンを紹介するにあたり、この論考が収録されていることも、こうした判断をするうえで一応の参考となる。そこで本節では、この論考を題材にして、サンファンのポストコロニアル研究に対する批判的見解とその問題点と限界について私なりの考えを述べることにしたい。

その論題「ポストコロニアル理論対フィリピンの革命的プロセス」に示されるように、この論考においてサンファンは、ポストコロニアル理論として今日もてはやされている議論は、果たしてフィリピン社会を変革する理論的武器になりうるのか、という問いを発している。サンファンは「ポストコロニアルの神秘化」と題する最初の節で、ポストコロニアル理論に対して彼がきわめて懐疑的な見解をもっていることを明らかにしている。彼が掲げるその理由とは、この理論が冷戦終結後にアメリカを頂点とする西欧世界で生まれ、グローバリゼーションが闊歩する世界において再度アメリカがヘゲモニーを掌握するための有効な理論だからである。

したがって、サンファンは、このような理論がフィリピンに移入された場合、どのような問題を起こすのだろうかと自問する。サンファンによれば、フィリピンのような周辺部後発資本主義社会は、ヨーロッパやアメリカで生まれた諸理論の「伝導地帯」として機能しており、そうしたなかで、フィリピンの知識人たちが移入された西欧理論を模倣することは社会に対してむしろ否定的な影響を与えかねない。

そしてこのような「第一世界」における理論構築方法は、サバルタン（下層住民層）を、民族解放思想、大衆民主主義、そして反帝国主義人民戦争から切断することになるであろう、と主張する。彼はいう、「ポストコロニアルが社会主義革命を拒否することによって、どのような人々が生命の危険にさらされるのであろうか?」(Ibid.: 54)、と。まぎれもなくサンフアンは、今日のフィリピン社会において依然として社会主義革命を遂行することが重要な意味をもつとする政治的立場の論客であり、こうした彼の政治的立場から、冷戦終結後にわかに欧米社会で台頭したポストコロニアル理論に対して懐疑的かつ批判的な見解をもっている。

それでは、サンフアンは、ポストコロニアル理論をどのように理解しているのだろうか。彼は、ここでポストコロニアル理論の主要な論客による議論の批判的検討を行う。広く知られるように、今日のポストコロニアル研究に先鞭をつけた著作は一九八九年にオーストラリアで刊行され、一九九八年に邦訳されたビル・アッシュクロフトほか編『ポストコロニアルの文学』（青土社）であった。サンフアンは、いまやポストコロニアル研究の定本となったこの著書の執筆者たちが、「アメリカ合衆国を「国民」文学を形成した最初のポストコロニアル社会として」位置づけていることにまず批判の目を向ける。彼によれば、プエルトリコ人、キューバ人、ハワイ人、アメリカ大陸先住民をはじめ、かつてアングロ・サクソンによって征服された地に住む人々からみると、「これは驚くべき発言」である。なぜなら、アメリカが「最初」の「ポストコロニアル社会」であるばかりでなく、アメリカが「その後のあらゆるポストコロニアル文芸作品のモデル」となりうるからである。彼の目からすると、どのような想像力をもってしてもアメリカがポストコロニアル社会であると考えることはできない。

サンファンは、こうした傾向をポストコロニアル的思索のスタイルにみられる欧米社会優位的系譜と位置づけたうえで、その後ポストコロニアル批評の中心的論客となった、ホミ・バーバ、ガヤトリ・スピヴァク、トリン・ミンハらが、アジアやアフリカ社会の土着の少数民族自身による議論にさして耳を傾けることなく、むしろ欧米世界における思考の枠組みのなかで従来の西欧中心主義を批判するという手法をとっている、と主張する。このため、サンファンによれば、「ポストコロニアル」の「ポスト」とは、「第一世界」の保守主義の焼き直しにすぎず、アジア、アフリカ、ラテンアメリカの民衆から承認を得ようとした概念ではなく、むしろ、これらの論客がかつて教えを受けた、欧米社会の中心的理論家たちから認めてもらうことを求めたものとなる。

この結果、サンファンにとって、ポストコロニアル理論は、ポスト・フォーディズム資本主義時代のひとつの産物にすぎなくなる。換言すれば、ポストコロニアリティ（ポストコロニアルという状況）とは、ポジショナリティ（自分の見解がよりどころとする立場とその自己確認）に関わる言語のゲームとなる。このゲームの規則は、グローバルな規模で拡大する資本主義が考案し展開したもので、その目的は、有色人種を服従させるための陳腐化したイデオロギー装置を刷新し、新しい柔軟な生産システムに対応できるようにすることである、という。

それでは、冷戦終結後の世界においてアジア、アフリカ、ラテンアメリカ社会を理解するうえで有効な理論とは何なのだろうか。サンファンにとって、今日の世界を理解するうえで最も有効な理論は依然としてマルクス主義理論である。彼は次のように続ける。

歴史的資本主義という世界システムのなかでは、民衆と国民国家の関係は、あらゆるレベルにおける不平等性を特徴としていた。抑圧者と被抑圧者との間の矛盾は、文化的／イデオロギー的、政治的、経済的といった多方面にわたる分野における諸交換のあり方を決定する。私たちがより意識的に応用する必要があるのは、文化的傾向の一方的物神化を避けるために、中心地域と周辺地域との間においてあらゆる知の交換を方向づける「不均等かつ複合的な発展」の原理である。弁証法的唯物論を適用することによって、私たちはまた、市場交換もしくはそれに対応した地方的権力関係に焦点を狭めるのを避けることができる。「不均等発展」という暗黙の物語《メタナラティブ》を拒否するならば――ポストコロニアリストたちはそうするであろうが――、どのようにして比較学的研究ができるのだろうか？（Ibid.: 57-58）

サンファンは、マルクス主義理論にもとづきながら、不均等発展をひとつの原理として、数世紀にわたって発展してきた世界資本主義のなかで、先進諸国と発展途上地域の間できわめて大きな経済的格差が生じ、こうした経済格差が中心部・先進諸国と周辺部・発展途上地域の間で引き起こされる政治的・文化的・イデオロギー的矛盾へと連鎖している点を強調する。そして、中心部たる欧米諸国で生み出されたポストコロニアル理論は、中心部と周辺部の間に歴史的に形成されてきた不平等な関係が現存するという事実に目を向けることなく、中心部内部における周辺部的要素をこれまで以上に巧妙に中心部内部に取り込むための道具にすぎない、と考えるのである。

ポストコロニアルに関する議論が、旧植民地地域とその住民の政治・文化・イデオロギーについての問題を扱いながら、じつは彼ら自身が現実に抱えている問題を直視していないというサンファンの主張は、彼のほかの著書でも繰り返されている。これまで引用してきた、彼の論考「ポストコロニアル理論対フィリピンの革命的プロセス」におけるポストコロニアル理論批判は、一九九六年に出版された著書『和解――フィリピン人からの視点』(San Juan 1996) のなかに別の論題で収録されている。『和解』にはこのほか、ポストコロニアル関係の論考が二本収録されており、そのうちのひとつが、「体制派ポストコロニアリズムとその対抗的ネイティブたる他者――永続する緊急事態体制において説明責任を果たす決意をして」である (Ibid.: 65-90)。

『和解』は、上述の二冊の著書『ポストコロニアル理論を超えて』、『ポストコロニアリズム以後』と異なりフィリピンで出版されたもので、フィリピン人をおもな読者層として設定している。実際、この論考に目をとおすと、ポストコロニアル研究と呼ばれる分野がどのような議論の積み重ねによって一九九〇年代初めから半ばにおいてアメリカの研究者によって形成されていったのかについて、より踏み込んだ考察が与えられており、そこから多くを学ぶことができる。ただし、紙幅の都合からここではそうした議論を追跡することはできないので、とりあえず、上述の議論との関連で、以下のことを確認しておこう。

サンフアンは、この論考において、インドのサバルタン研究の泰斗ラナジット・グハや、アルジェリア戦争期に残した著作が今日のポストコロニアル批評の原点と評価されるフランツ・ファノンを例外として、アメリカやオーストラリアで活躍するポストコロニアル研究の代表的論客は、ポストコロニアルと考えられる状況に身を置いていない。たとえ彼らがポストコロニアル的状況に身を置いていたとしても、それはすでに先進諸国が彼らのポストコロニアル的状況をそのなかに取り込んでいるにすぎない、という。とくにホミ・バーバやスピヴァク、そしてオーストラリア人やカナダ人の研究者たちが論じるポストコロニアル理論は、従来のラディカル近代主義よりいっそうラディカルであるかどうかは、抵抗の土着的伝統を保持しようとする有色人種にとっては大いに疑問があるとする。サンファアンにとって、こうした論客のポストコロニアル理論とは、彼らのアイデンティティの回復とその再確認のための、ヘゲモニーに対抗する企てを放棄したことによって、地球規模的不平等と位階的支配に対抗する創造的権力と抵抗の新しい形態を生み出していく動きを掘り崩すものだからである。

サンファアンのポストコロニアル理論に関する議論をこのように追っていくと、彼がなぜこの理論に対してたえず懐疑的かつ批判的なまなざしを向けるのかがわかってくる。その理由の第一として指摘すべき点は、オーストラリアやアメリカそしてカナダの白人の研究者たちはもとより、主としてアメリカで活躍するアジア系の研究者によるポストコロニアルに関する議論が、多くの場合、欧米諸国文化圏のなかで有効性をもつことに第一義的関心が向けられていることにある。彼らの議論は、かつて植民地体験をもった国々の人々が抱えるアイデンティティの問題や欧米諸国が旧植民地に対して抱いてきた偏見が歴史的にどのように形成され、また今日においてどのように存在しているかについて、多様な角度から考察を試みている。

しかし、サンファアンによれば、その議論の多くは、旧植民地内部で今日展開されている政治・経済・社会・文化に関わる議論とは直接的な関わりをもつわけではなく、むしろ、欧米諸国内部で関心を向けられた旧植民地地域に関するテーマを取り扱っている。このため、ポストコロニアル研究の隆盛のなかで、旧植民地や周辺従属地域出身のマイノリティの人々の問題が欧米諸国内部の問題として取り上げられるようになった。先進諸国が彼らのポストコロニアル的状況をそのなかに取り込んでいるにすぎない、というサンファアンの主張はこうした研究状況を背景としたものである。

第二の理由は、サンファンが弁証法的唯物論に立つマルクス主義者であることである。マルクス主義の立場からすれば、社会構成体のなかで、経済が下部構造を構成する一方、政治・文化・宗教などは上部構造をなすものと理解されている。下部構造は社会構成体の土台として上部構造のあり方を規定するが、下部構造は上部構造からの反作用も受け、両者は相互作用する関係にある。このような思考の枠組みのなかで、ポストコロニアルに関わる議論を理解しようとすると、どうしてもひとつの壁にぶつからざるをえない。なぜなら、ポストコロニアル理論の根底には、「差異の思想」として、弁証法を超える哲学的枠組みが準備されているからである。

この点について、鵜飼哲の言葉を借りると、ここでいう「差異」とは、弁証法における「対立」の概念よりも深い意味をもち、「対立」はむしろ「差異」の一種として位置づけられる。このため、二つの本質の「差異」がひとたび「対立」としてもたらされると、弁証法的理解の枠組みのなかでは、和解・止揚・「差異」（「対立」）の抹消という変化が展望されるのだが、「差異の思想」では、「差異」は残留し、効果を及ぼし続けると考えられる。こうした思想にたつと、コロニアリズムの「残滓」は将来驚くべき帰結を生みうるという認識が生まれ、コロニアリズムの「残滓」、すなわち、ポストコロニアリズムをめぐって、言説レベルのヘゲモニー闘争が生まれることになる（鵜飼　二〇〇〇）。

ポストコロニアル研究の展開を理解するには、マルクス主義の枠組みにおける認識論を超える必要があることは、エドワード・W・サイードの『オリエンタリズム』からも容易に窺い知ることができる。サイードはいう、「一般に文学研究、とくにアメリカ合衆国のマルクス主義理論家が、テクスト分析および歴史的分析にあたって、上部構造レヴェルと下部構造レヴェルのあいだに横たわる溝を埋めるための真剣な努力を避けてきたことは厳然たる事実である」（サイード　一九九三：上、四三）。「……文化のような浸透性のあるヘゲモニー的システムの耐久力と持続性とをよりよく理解するためには、このシステム内部の統制力が、ただ抑止的なだけではなく生産的でもあるということを認識しなければならない。そしてこの考え方こそ、いうまでもなくグラムシが、そしてフーコーとレイモンド・ウイリアムズが、それぞれの方法でもって説明しようと努力してきたものなのである」（同前：上、四五）、と。

たしかにサンファンが指摘するように、ポストコロニアル研究には多くの問題があることは否めない。しかし、一九九〇年代初頭以降、ひとつの研究分野としてそのかたちを形成してきたポストコロニアル研究を、マルクス主義理論によって批判することには大きな限界があると思われる。このように、私はサンファンのポストコロニアル研究の位置づけに対して異論をもっているが、彼の執筆活動そのものの意義を否定するわけではない。サンファンの比較文学やカルチュラル・スタディーズにおける多彩な執筆活動はきわめて刺激的であり、彼の著作をとおして今日のフィリピンとアメリカとの間に横たわる複雑な文化的関係を知ることができるからである。この意味で、サンファンは、その急進的政治的立場を堅持しながらポストコロニアルを批判的に語る、フィリピンの代表的知識人のひとりとみることができよう。

二　フロロ・キブイェンのホセ・リサール像

つぎに気鋭の政治学者フロロ・C・キブイェンの著作を取り上げたい。彼はハワイ州立大学に提出した学位論文をもとにして、一九九九年に『挫折した民族――リサール、アメリカのヘゲモニー、フィリピン・ナショナリズム』(Quibuyen 1999)と題する刺激的な著書を公刊した。全一〇章からなるこの本の主要テーマは、フィリピン革命期(一八九六〜一九〇二)の国民的英雄ホセ・リサール(一八六一〜九六)像の再検討である。いずれの章も興味深い議論がなされているが、とくに第二章が大きな意味をもっている。この章は、これまでリサールのフィリピン革命に関する見解とされてきたものが、じつはアメリカ植民地統治のもとで形成された言説(「アメリカ植民地言説」)であり、それがごく最近まで広くフィリピンで受け入れられてきた事実を浮き彫りにしているからである。[1]

本節では、この第二章を中心にキブイェンによる公認ホセ・リサール像脱構築の試みを追跡していくが、その前提として、一八九六年の対スペイン独立戦争勃発にいたるホセ・リサールの存在意義について、フィリピン史研究の第一線で活躍してきた池端雪浦の主著『フィリピン革命とカトリシズム』(池端 一九八七)などに拠りながら簡単に触れておこう(池端 一九八七;Agoncillo and Guerroro 1973;コンスタンティーノ 1975)。

フィリピン現代史におけるフィリピン独立革命の意義はきわめて大きい。フィリピンでは一六世紀半ば以降スペインの植民地支配下に置かれていたが、一九世紀後半になるとスペインの植民地支配に対する批判や抵抗運動がさまざまなかたちで噴出し始めた。なかでも、一八九六年の独立革命勃発への大きな流れをつくったのは、ゴメス、ブルゴス、サモラの三人のフィリピン人神父が処刑された、一八七二年の「ゴンブルサ事件」であった。この事件は、スペインの人種差別と圧制を象徴する事件となり、フィリピン各地に衝撃の波紋を広げていった。他方、植民地政府はその後監視体制をいっそう強め、体制に批判的なフィリピン人を「フィリブステリスモ(反逆者)」の烙印を押して国外に追放した。こうしたなかで、一八八二年にフィリピンの有産知識階層（イルストラード）によるフィリピン統治改革を求める言論運動として「プロパガンダ運動」（啓蒙改革運動）がフィリピンとスペインで開始された。ホセ・リサールはスペインでこの運動に参加したフィリピン人留学生のひとりであった。

ホセ・リサールはスペインでこの改革要求運動に関わるかたわら、一八八七年に最初の小説『ノリ・メ・タンヘレ（われに触れるな）』を出版した。リサールはこの小説でこれまでタブーとされてきたカトリック教会のフィリピン住民に対する抑圧の実態をあからさまにし、大きな波紋を巻き起こした。さらに一八八九年には彼らの活動の機関誌として『ラ・ソリダリダード（団結）』がスペインで発刊され、本誌は植民地政府の検閲網をかいくぐってフィリピンに届けられた。

しかし、改革要求運動の参加者のなかには、この穏健的な運動に限界をみる人々も生まれた。リサールもそのひとりであった。彼は一八九一年に発表した二番目の小説『エル・フィリブステリスモ（反逆）』では、穏健な改革運動は不毛との認識を深め、フィリピン人としてのあるべき反逆のかたちを問いかけた。そして一八九二年六月には決死の覚悟でフィリピンへ帰国し、翌七月にはフィリピン人としての民族思想の実践をめざして、「フィリピン民族同盟」を結成した。しかし、「同盟」結成後わずか四日後にリサールは反逆罪で逮捕され、ミンダナオ島のダピタンへ流刑された。リサールはその後四年ほどの幽閉生活ののち、みずから志願して一八九六年にスペインの従軍医としてキューバに向かった。しかし、同年八月にマニラでアンドレス・ボニファシオらが率いる秘密結社カティプーナンが武装蜂起し、対スペイン独立戦争の火蓋が切って落とされた。こうしたなかで、リサールは革命扇動者の容疑をうけてスペイン到着と同時にマニラにつれもどされ、一八九六年一二月三〇日にマニラで処刑された。

リサールの処刑はフィリピン各地の独立革命軍に大きな衝撃となって伝わった。しかし、この頃スペイン軍は本国からの援軍を得て猛反撃を展開し始め、革命軍は各地で苦戦を強いられていった。マニラ周辺諸州を基盤とする革命軍の間では、アンドレス・ボニファシオとエミリオ・アギナルドとの間の主導権争いが激化し、一八九七年五月にボニファシオがアギナルド勢力によって処刑されるという事件が起きた。その後、独立運動は主導権を掌握したアギナルドを中心として展開し、一八九九年一月にはフィリピンではじめての独立国家として、マロロス共和国が発足し、アギナルドが大統領に就任した。

ところが、この時点で、フィリピン革命をめぐる国際情勢はすでに大きく変化していた。一八九八年四月に米西戦争が勃発し、アメリカがフィリピンへ軍隊を派遣するにいたったからである。アメリカは同年八月にマニラを独力で無血開城し、フィリピン全域を対象として軍政を宣言した。さらに、同年一二月にはパリ講和条約によって、フィリピンの領有権がスペインからアメリカに移譲された。かくして、一八九九年二月、マロロス共和国を発足させた独立革命軍と国際法上フィリピン領有権を獲得したアメリカ軍が激突し、一八九六年に対スペイン独立運動として始まったフィリピン革命は、フィリピンとアメリカとの戦争、すなわち「フィリピン・アメリカ戦争」へと転化した。その後、軍事的に圧倒的優位を誇るアメリカ軍がフィリピン各地をつぎつぎと制圧し、一九〇二年七月に平定作戦の完了を宣言し、アメリカはフィリピンでの植民地統治体制を確立してゆくことになる。

前述のようにホセ・リサールは独立革命が勃発した直後に処刑されたことによって、一八九六年八月から一九〇二年七月にいたるフィリピン革命の展開過程にほとんど直接的関わりをもつことはなかった。しかし、リサールが二つの小説をはじめとするその広範な執筆活動をつうじて構築した民族意識と抵抗思想は、独立革命を担う反植民地思考の基盤となった。ところで、アメリカ植民地統治体制のもとでリサールがフィリピンの国民的英雄として偶像化されてゆくことになるが、その過程で、リサールは秘密結社カティプーナンの武装蜂起が時期尚早であるとして最後までそれに賛意を示さなかった改革主義者であった、との評価が定着していったのである。

フロロ・キブイェンがその著書『挫折した民族』で再考をうながしたのは、長らく通説化してきた「独立革命に反対した改革主義者としてのリサール像」である。それでは、この「改革主義者としてのリサール像」はどのように形成され、どのように継承されていったのだろうか。以下、キブイェンの議論を要約しよう(Quibuyen 1999: chap. 2; キブイェン 二〇〇四)。

キブイェンによれば、今日のフィリピンの歴史家と一九世紀フィリピン民族運動のなかで生きた人々の世界とは、深い溝で隔てられている。リサールは、「スペインとの併合賛成論者であり、有産階級出身者として独立革命を拒否した人物」としての評価が今日定着しているが、こうした見解は、独立革命の世界に生きた農民や有産知識階層の耳にはまったく不条理なものに聞こえるに違いない、という。リサールと同時代に生きた人々は、リサールについてそのような人物像をもっていないからである。たとえば、リサールの従兄でありリサールとともにスペインに留学していたガルシアノ・アパシブレは、スペインでリサールは完全無欠の分離主義者であり、スペインから分離独立したあと、フィリピン人はみずからの社会的・市民的・政治的願望をかなえることができると考えていた。他方、秘密結社カティプーナンのメンバーたちは、有産知識階層より急進的イメージをリサールに求め、リサールを独立革命のシンボルとして崇めた。リサールの名前は結社カティプーナンの指導者たちのパスワードとなり、リサールの肖像画が彼らの会議室の壁に貼られていたのである。

しかし、フィリピンがアメリカ軍によって平定され植民地統治が開始されるなかで、アメリカ人行政官たちは、独立革命の時代を生きた人々が描いたとは異なるリサールのイメージをフィリピン社会に定着させていった。アメリカ人行政官たちは、リサールについて、トリニダード・H・パルド・デ・タベラとウェンセスラオ・E・レターナの二人から学んだ。パルド・デ・タベラはスペイン系メスティーソ（現地住民との混血）で、アメリカ軍に最初に屈した有産知識階層のひとりであり、レターナはスペイン人で書誌などの著述家であった。この二人はリサールについて共通する認識をもっていた。彼らによれば、リサールは多彩な能力をもつ知識人で、自由主義を信奉する改革主義者であり、ボニファシオの武装蜂起に反対したが、独立を希求する多くのフィリピン人から信奉された人物であった。

タベラはアメリカ人行政官とのインタビューに答えて、結社カティプーナンが武装蜂起の計画についてリサールに意見を求めたところ、リサールはこの計画に反対し、むしろ人々の向上と教育が重要であると述べた、と語ったという。しかし、キブイェンによれば、独立革命に反対した改革主義者という、今日広く受け入れられているリサール像は、レターナが収集した第一次資料にもとづいて創られたものである。それは、一九一二年にチャールス・ダービシャーがリサールの最初の小説『ノリ・メ・タンヘレ』の英訳への序論のなかに受け継がれ、ついで一九一三年と二七年にオースティン・クレイグがこうしたリサール像にもとづいてリサール伝を執筆したことによって、「アメリカ版公認リサール像」として確立されることになる。

フィリピン人の歴史家のなかで、アメリカ版公認リサール像にいち早く異議を唱えたのがグレゴリオ・サイデであった。サイデは一九三一年に「リサールは独立革命に反対したのか」と題するエッセイを執筆した。

サイデが依拠した資料は、一八九六年六月にリサールをダピタンに訪ね、武装蜂起についてリサールの意見を求めたピオ・バレンスエラの覚書（一九一四年五月）である。この覚書で、バレンスエラは、秘密結社カティプーナンの武力蜂起の機が熟していることを認め、その蜂起計画に賛同していたと述べている。さらに、サイデは、バレンスエラにインタビューを行い、リサールが真の独立革命を信じていたことを確認する。

ところが、サイデのエッセイが発表された三年後に、前述のレターナが収集したリサールに関する史料を掲げて、歴史人類学を専攻する気鋭のフィリピン人研究者E・アルセニオ・マヌエルがバレンスエラの見解に異を唱えた。このとき、マヌエルが示した史料は四点あったが、そのなかでリサールが改革主義者であったという確たる証拠とされてきた史料は、一八九六年一二月一五日に反逆罪に対する軍事法廷での判決を待つ間にリサールが牢獄で執筆した「宣言」である。リサールはこの「宣言」で下からの武装蜂起に反対していた。武装蜂起に反対したというこのリサールの見解は、その三日まえにリサールが書いた覚書でも繰り返された。また、バレンスエラは、一八九六年八月の武装蜂起直後にスペイン軍に最初に逮捕された結社カティプーナンのメンバーのひとりだったが、彼自身も牢獄で二つの宣言文を書いている。一八九六年九月六日の宣言文によると、ミンダナオ島ダピタンにリサールを訪ねたときリサールが武力叛乱に真っ向から反対したこと、そして、結社カティプーナンの指導者アンドレス・ボニファシオにこのことを報告するとリサールを臆病者と呼び、こうした事実があったことを公言しないよう命じたのである。

ところで、バレンスエラは、彼が牢獄で書いた宣言文は、彼の証言によってリサールや結社カティプーナンの仲間に危害が及ばないよう、その内容に対して慎重な配慮を行ったことをのちに認めている。にもかかわらず、マヌエルはこうした資料を証拠として、リサールが改革主義者であったとの結論を導き、改革主義者としてのリサール像がフィリピン社会のなかでひとり歩きしていくことになった、とキブイェンはいう。

こうしてアメリカ植民地期に創られた公認リサール像は、第二次世界大戦後フィリピンが独立したのちにも、リサールに対する基本的理解としてその地位が揺らぐことはなかった。このため、フィリピン独立後の代表的歴史家たちの間でも、アメリカ版公認リサール像をもとにリサールについての議論が行われてきた。一九五〇年代から六〇年代におけるフィリピン革命史研究の重鎮テオドロ・アゴンシリョは、リサールが「不本意ながらの革命賛同者」なのか、それとも「革命的改革主義者」なのか、あるいは「改革主義的革命家」と呼ぶべきなのか、その判断を留保したが、リサールの考えが民衆に届くことはなかった。その理由として、アゴンシリョは、第一に、リサールは民衆が理解できないスペイン語で著述活動をしたこと、第二に、リサールの考えは民衆が理解するには進歩的すぎたこと、を挙げている。キブイェンによれば、アゴンシリョがどのような史料に依拠してこうした見解を表明したのかは定かでないが、彼自身が執筆した歴史教科書のなかで、前述のマヌエルが依拠した一八九六年のバレンスエラの覚書を引用している。

他方、リサール論をめぐっては、一九六〇年代末に大きな展開があった。一九六〇年代半ばからフィリピンの論壇で痛烈な社会批評を展開し、七〇年代に「民衆史観」にもとづくフィリピン史の書き直しを試みたレナト・コンスタンティーノが、一九六九年一二月三〇日の第三回リサール記念日に「理解なき崇拝」と題する次のような内容の衝撃的な講演を行ったからである。コンスタンティーノはこの講演のなかで、リサールは有産知識階層の改革主義者であり、スペインとの併合賛成論者であり、反革命主義者であるから、フィリピンの国民的英雄たりえない。リサールがフィリピンの国民的英雄であるという事実は、フィリピン人の卑しい植民地根性と、リサールを支持したアメリカ人植民者たちへの媚び諂いを示している。フィリピン人の意識を脱植民地化する第一歩として、リサールのような有産知識階層と決別しなければならない。フィリピン人は、国民的英雄の称号によりふさわしい人々を、たとえば結社カティプーナンの創設者であるアンドレス・ボニファシオに求めるべきであろうと語り、リサールはフィリピン革命の真の英雄ではないとしたのである。キブイェンによれば、コンスタンティーノのリサールに対する否定的評価もまた、アメリカ版公認リサール像にもとづくものであった(2)。

以上に要約した議論から、キブイェンはリサールがたんなる改革主義者ではなく、結社カティプーナンの武装蜂起に理解を示すような抵抗思想の体現者であったとの見解をもっていることがわかる。それではキブイェンは、どのような史料にもとづいてこのような見解をもつにいたったのだろうか。それらは、①バレンスエラの一九一四年の覚書、②リサールの一八九六年一二月一五日の宣言、そして③リサールが処刑のときを待ちながら書いた詩『ウルティモ・アディヨス（最後の別れ）』である。

紙幅の都合から、リサールが、上記二つの史料のなかで、緊迫する政治状況に配慮しながら、最後のときが近づくことを意識しつつ、彼自身の独立革命への想いをさまざまな隠喩をも含めて豊かに表現していたことについて、ここで十分な議論ができないことは残念である。しかし、これまでに紹介したキブイェンの議論から、フィリピンでは、アメリカ植民地期に形成されたリサールの国民的英雄像が独立したのちも長らくその社会で闊歩し、フィリピン人がその呪縛にとりつかれていたことを確認することができたように思う。

リサールがその思想的基盤を提供したフィリピン革命は、いうまでもなく、フィリピン近現代史の原点である。一八八〇年代のプロパガンダ運動をへて一八九六年の対スペイン独立戦争へとつらなる時期は、それまでインディオと呼ばれていた住民がさまざまな階層を超えてひとつの民族としての意識を形成していく過程でもあった。ところが彼らの近代国家形成の歩みは、アメリカによる軍事的介入とその後の植民地化によって挫折した。この挫折は、フィリピン人にとって、たんに政治的・経済的自立の喪失を意味するだけでなく、彼らが一九世紀半ばから徐々に獲得していった民族意識と反植民地思考を剥奪するものだった。この意味で、アメリカによる公認リサール像の構築は、フィリピン人から独立革命を支えた精神を抜き取るための重大な植民地事業のひとつであったといっても過言ではないだろう。

むすび

本章では、フィリピンのポストコロニアル研究における代表的論客と見なされる研究者のなかから二人を選んで、彼らの議論の概要を紹介した。サンファアンとキブイェンの議論の一部を通して、一九九〇年代後半以降、フィリピン研究の領域においてポストコロニアル批評に対する関心が高まってきた様子をある程度伝えることができたように思う。ここで取り上げた二人のフィリピン人研究者は、それぞれ比較文学・政治学・歴史学を専門とする研究者であり、また、「ポストコロニアル」という状況に対する認識やそれに対する接近方法も異なっている。しかし、キブイェン自身が述べているように、公認リサール像の脱構築をはかるうえで、サンファアンのリサール論が大きな刺激となったこともまた事実である（Quibuyen 1999: 39-40）。このようにサンファアンとキブイェンはそれぞれ個々の専門分野で独自の執筆・研究活動を続けてきたが、それぞれの論者の議論に重なり合う部分があることは興味深い。このことは、二人の論客が各自の立場から今日フィリピンが直面している思想状況を踏まえて、研究活動における新たな地平を切り開きつつあることを意味している。ところで、ここでいうフィリピンにおける新たな思想状況とは、とりもなおさず、冷戦終結後のフィリピン社会の脱アメリカ化現象である。

国際関係の視点からみると冷戦終結は一九八九年を画期とするが、フィリピン社会において冷戦が終結したのは、米軍基地がフィリピンから完全撤退した一九九二年のことであった。第二次世界大戦後に独立したあともアメリカがフィリピンとの密接な政治・経済関係を必要としたのは、極東における最大級の軍事基地をフィリピンで維持するためだった。アメリカが二〇世紀初頭から一世紀近くにわたってフィリピンに維持してきた基地を一九九二年に完全撤退したことは、フィリピンとアメリカとの政治・経済関係に大きな影響を与えた。それまでフィリピンにとってアメリカは「特別の国」であり、外交関係においてもアメリカとの関係がとりわけ重要視された。しかし、一九九〇年代以降、フィリピンは近隣ASEAN諸国との関係を重視し、諸外国との多角的な外交関係づくりに努力してきたからである。しかし、近年では南シナ海において中国との領土問題を抱えていることなどを背景として、二〇一四年にフィリピンはアメリカと新軍事協定を結び、二二年ぶりに事実上アメリカ軍の再駐留が可能となるという新たな展開があることにも注視しなければなるまい。とはいえ、一九九〇年代以降のASEANの一員としてのフィリピンの取り組みが大きく変化することはないだろう。

そうしたなかで、フィリピンが「知の植民地」状況から解放されるために、今後「ポストコロニアリズム」をめぐる言説レベルのヘゲモニー闘争」がどのように展開されるのだろうか。日本のフィリピン研究者のひとりとして、私はフィリピン人研究者たちの思想的営為を追跡しながら、日本における今日の「知の植民地」状況を変革する道を模索し続けていきたいと思う。

注

(1) キブイェン論文の紹介として、（池端 一九九八）を参照。なお、本書第二章の邦訳として、（キブィエン 二〇〇四）をみよ。

(2) この点については、（永野 二〇一三：八五〜八七）も参照。

参考文献

Agoncillo, Teodoro A., and Milagros C. Guerrero (1973) *History of the Filipino People*, 4th ed., Quezon City: R.P. Garcia Publishing Co.

Brydon, Diana, ed. (2000) *Postcolonialism: Critical Concepts in Literary and Cultural Studies*, London and New York: Routledge. 5 vols.

Constantino, Renato (1975) *The Philippines: A Past Revisited*, Quezon City: Tala Publishing House（レナト・コンスタンティーノ著、池端雪浦、永野善子、鶴見良行ほか訳『フィリピン民衆の歴史——往時再訪』（一・二）井村文化事業社、一九七八年）.

Quibuyen, Floro C. (1999) *A Nation Aborted: Rizal, American Hegemony, and Philippine Nationalism*, Quezon City: Ateneo de Manila University Press（本書の第二章は、以下の邦訳書の第7章して所収。イレートほか著『フィリピン歴史研究と植民地言説』）.

San Juan, E., Jr. (1996) *Mediations: From a Filipino Perspective*, Pasig City: Anvil Publishing.

San Juan, E., Jr. (1998) *Beyond Postcolonial Theory*, New York: St. Martin's Press.

San Juan, E., Jr. (2000) *After Postcolonialism: Remapping Philippines-United States Confrontations*, Lanham and Boulder: Rowman & Littlefield Publishers.

アッシュクロフト、ビルほか（一九九八）『ポストコロニアルの文学』青土社。

池端雪浦（一九八七）『フィリピン革命とカトリシズム』勁草書房。

池端雪浦（一九九八）「〈講演記録〉フィリピン革命から百年――英雄像をめぐる論争」『上智アジア学』第一六号。

鵜飼　哲（二〇〇〇）「ポストコロニアリズム再考」、神奈川大学「ポスト植民地主義思潮研究会」講演（二〇〇〇年七月五日）。

キブイェン、フロロ・C（二〇〇四）「第7章　リサールとフィリピン革命」（内山史子訳）（レイナルド・C・イレート、ビセンテ・L・ラファエル、フロロ・C・キブイェン著、永野善子編・監訳『フィリピン歴史研究と植民地言説』めこん）。

サイード、エドワード・W（一九九三）『オリエンタリズム』（上・下）、板垣雄三・杉田英明監修、今沢紀子訳、平凡社。

永野善子（二〇一三）「抵抗の歴史としての反米ナショナリズム――レナト・コンスタンティーノを読む」（永野善子編『植民地近代性の国際比較――アジア・アフリカ・ラテンアメリカの歴史経験』御茶の水書房）。

第2章　グローバル化時代の歴史論争——フィリピン革命史をめぐって

はじめに

二〇〇一年九月一一日を境に「世界が変わった」という。あるいは、この日の事件をきっかけとして、冷戦終結後の現代世界に対する私たちの一般的な見方を大きく変えざるをえなくなった、といった方がより適切なのかもしれない。ニューヨークの世界貿易センターを一瞬のうちに倒壊させた同時多発テロと、同じ年の一〇月八日に開始されたアメリカのアフガニスタンへの報復爆撃は、日常生活の場とその時間的流れについての私たちの考え方に対し、多大な影響を与え続けてきたように思う。二〇〇三年に入ってからは、九・一一テロ事件以後、アメリカが「悪の枢軸」国家のひとつとして名指しで非難してきたイラクが、その武力攻撃の危機にさらされるようになった。こうした展開は、二〇一五年一一月一三日にパリ郊外で発生した同時テロとその後の関連諸国の対応と相通じるものがある。

冷戦が終結したとき、このような事態が遠くない将来に展開すると予測したひとは、ほとんどいなかったに違いない。冷戦終結後の一九九〇年代には、グローバリゼーションの名のもとに、一方では多文化主義が主張されながら、他方においては、多くの国民が歴史的に形成してきた集合的記憶を掘り崩す文化的脅威が闊歩した。しかし、九・一一テロ事件以降の事態の展開は、グローバリゼーションを先導してきたアメリカが、じつは強靭なナショナリズムで防衛された国家であるという事実を、白日のもとにさらしてきた。ここで再考されるべきは、アメリカをはじめとする帝国が行使する文化的価値に対する私たちの認識である。(1)

これまで国際社会に与えてきたアメリカの影響力は、軍事・経済・政治の諸側面に限ったものではない。

とりわけその文化的影響力には圧倒的なものがある。エドワード・W・サイードがその著書『文化と帝国主義』で述べたように、アメリカの文化的優勢、すなわち、私たちの思考体系全般に対するアメリカの潜在的および顕在的影響力は、冷戦終結後に始まったものではなく、一九六〇年代から七〇年代にすでに登場しつつあった（サイード 二〇〇一：第四章第一節）。

サイードのいう「アメリカの文化的優勢」とは、たんなる影響力にとどまらず、権力、より具体的には国際社会の文化領域におけるヘゲモニーに関わる問題として理解されるべきである。と同時に、一九九〇年代以降のグローバリゼーションの潮流のなかでは、従来の「アメリカの文化的優勢」とは、やや異質な権力構造が文化領域に浸透してきたように思われる。この「異質な権力構造」とは、新自由主義というイデオロギーを旗印として、アメリカを軸とする一元的文化的価値体系のもとで世界を覆い尽くそうとする力学が、戦略的な役割を発揮してきたことを意味する。新自由主義的イデオロギーを付帯するグローバリゼーションの潮流のなかで、国際的メディアを通して各国に流布される世界共通の情報やイメージが、国民国家を単位として創り上げられてきた集合的記憶を解体し、あるいは、あたかもそれを超越しつつあるかのごとき議論が隆盛をきわめたといっても過言ではない。

しかし、九・一一テロ事件以後、このような議論の流れを見直そうとする動きがにわかに高まったのもまた事実である。たとえば、フランスの哲学者レジス・ドブレは、グローバリゼーションがもたらしたひずみについて、九・一一テロ事件を踏まえて次のように語った。「情報技術などの分野ではグローバル化は依然として進んでいる。その意味ではグローバリゼーションが勝利したことに変わりはない。だが明確になったのは、地球上の文化的な差異を消滅させるという点では世界化が完全に失敗したということだ。むしろ精神的、心理的な面では人々は一体感を失い、過去の伝統や文化にアイデンティティを求めている。そのことが世界を不安定にしている」（ドブレ 二〇〇二）、と。

結局、世界各地でさまざまなライフスタイルをもつ人々の異なる集合的記憶は、今日におけるアメリカを中心とする文化的ヘゲモニーをもってしても支配できそうにない。そうだとすると、私たちは、これまで以上に、グローバリゼーションの時代における国民国家とナショナリズムの意味や、国民国家とそれを単位とする集合的記憶のあり方、あるいは多文化社会のなかで越境する集合的記憶の機能などに関心を向けざるをえなくなる。私がここで「集合的記憶」というとき、ナショナリズムとは別の意味合いをもつ用語として使用していることを、あらかじめ断わっておきたい。「集合的記憶」とは、一定の地域的空間に居住する人々の間で共有される感情にもとづく過去に対する意識であるのに対して、ナショナリズムは、そうした集合的記憶がひとつのイデオロギーとなって内外に発現した形態であると考えられるからである（グラック 二〇〇二）。

以上のような視点に立って、本章では、フィリピン歴史研究の分野で一九九〇年代に最も激烈な論争を呼んだ、フィリピン革命史論争をふりかえることにしたい。

一　フィリピン革命史研究の意義

一九世紀から二〇世紀への世紀転換期においてフィリピン社会を覆った独立革命の嵐は、フィリピン近現代史の原点として、いまなお、フィリピンにおける「国民の物語」のなかで中心的位置を占めている。広く知られるように、この革命は、東南アジアで起きた最も早い植民地独立運動であった。フィリピン革命の大筋についてはすでに第1章で紹介したので、ここでは、フィリピン革命史研究の流れとして、以下の点を確認しておこう。

フィリピンは世紀転換期における民族運動によって、スペインから独立するものの、その直後にアメリカの植民地支配下に置かれるという歴史的運命をたどった。このため、アメリカ植民地政府は、民族運動を軍事的に制圧するだけでなく、新しい植民地体制をフィリピンで確立するうえで、ホセ・リサール、アンドレス・ボニファシオ、エミリオ・アギナルドなどの独立革命期の英雄にまつわる植民地言説——宗主国権力によってもたらされ、植民地で広く受け入れられた社会通念——が生み出されていった。こうして、フィリピン人の集合的記憶として語り継がれていった「国民の物語」としての民族運動史の対抗言説として、アメリカ植民地期に構築されたフィリピン革命像がフィリピン社会でひとり歩きを始めることになった。

しかし、第二次世界大戦直後の独立期になると、アメリカ植民地言説としてのフィリピン革命物語を覆す劇的な試みがフィリピン歴史学界の重鎮テオドロ・A・アゴンシリョによって行われた。アゴンシリョは、一九五六年に出版された代表作『大衆の反乱——ボニファシオとカティプーナンの物語』によって、それまでフィリピンで広く受け入れられてきたかにみえたフィリピン革命史像を一変させたからである（Agoncillo 1956［1996］）。

それまで公に認められてきたフィリピン通史では、アメリカ植民地期に創り上げられたフィリピン革命史像がほぼそのまま投影され、革命の主要な担い手はエミリオ・アギナルドに代表される地方権力者層であり、民衆は革命の遂行において副次的役割を担っていたと見なされてきた。このため、アンドレス・ボニファシオはそれまでフィリピン通史のなかで中心的人物ではなかった。むしろ、たえずホセ・リサールの陰に隠れ、結社カティプーナンの残党で組織された軍人会などのなかで英雄視されていたにすぎなかった（Ileto 1998: 232）。この意味で、『大衆の反乱』はフィリピン史研究に残る画期的著作であり、その後の革命史研究に多大の影響を及ぼしたのである。

さらに、一九七九年になると、アゴンシリョの代表作を新しい地平から乗り越えた著作が公刊された。レイナルド・C・イレートの名著『キリスト受難詩と革命――一八四〇～一九一〇年のフィリピン民衆運動』である。イレートは、この著書において、「民衆がもつ意味世界の解読」という卓抜な手法によって、アゴンシリョらのフィリピン人歴史家が構築してきたフィリピン革命史像とは異なる視角から、フィリピンの民衆運動に接近した。とくにイレートが着目したのが、千年王国的性格をもつ民衆の自然発生的な蜂起に内在する反植民地思考である。イレートは、フィリピンで「コロルム」（colorum）と呼ばれる民衆の自然発生的蜂起の延長線上に結社カティプーナンを位置づけ、「パション」（pasyon）と呼ばれるキリスト受難詩の内実の変化を分析することによって、民衆運動のもつ変革思想を浮き彫りにした。こうしてイレートは、アゴンシリョらがそれまで別々のものと見なしてきた、コロルムと結社カティプーナンとの連続性を照射し、フィリピン革命史研究の水準を一挙に引き上げることになった（Ileto 1979: 邦訳二〇〇五）。

アゴンシリョの『大衆の反乱』の登場以前、フィリピンの歴史学界では、ホセ・リサールが自由主義的な改革主義者としてフィリピンの国民的英雄の位置を獲得していたのに対し、結社カティプーナンの創設者のボニファシオはフィリピン革命史のなかで中心的位置を獲得していなかった。このため、ボニファシオを民衆の指導者として歴史に再登場させることは、アメリカ植民地期に創られたフィリピン革命史像――アギナルドなどの地方指導者層に率いられた民族運動――を覆す意味をもっていた。さらに、イレートが主張するように、フィリピン革命が千年王国的運動の性格をもった民衆蜂起であることも、アメリカ植民地期に形成されたフィリピン革命史像と相容れなかったことはいうまでもない。このように、フィリピンでは、アゴンシリョやイレートをはじめとするフィリピン人歴史学者たちによって、フィリピン人たちが独立革命以来、集合的記憶として語り継いできたイメージを再度浮き上がらせることによって、フィリピン革命史像が再構成されたのである。

かくしてフィリピンでは、一九九六年のフィリピン革命百周年をまえにして、独立後に再構築されてきた革命史像が大きく揺らぐことはないかのように思われた。ところが、一九九七年にこの流れを覆そうという衝撃的な試みが、アメリカ人歴史家グレン・A・メイによってなされた。以下では、この点に焦点をあてて議論を進めてゆこう。

二　グレン・メイのフィリピン革命史研究批判

グレン・A・メイ著『英雄の捏造――没後創られたアンドレス・ボニファシオ像』（一九九七年）（May 1997）は、近年刊行されたフィリピン史研究の著作のなかで最も物議をかもした著作である。メイはこの著書において、つぎのような衝撃的論法によって、フィリピン人歴史学者たちの議論に真っ向から挑戦したからである。

上述のように、フィリピン歴史学界ではアゴンシリョの『大衆の反乱』登場以降、アンドレス・ボニファシオが独立革命を担った民衆の指導者として英雄視されてきた。しかし、グレン・メイは、ボニファシオに対するこうした評価は正当な史料考証にもとづいて導かれたものではなく、不確かな史料やインタビュー記録などによるものにすぎない、と主張した。「ボニファシオをフィリピン革命における民衆の指導者と確定するには証拠不十分」というグレン・メイの異議申し立てに対して、当初、フィリピンの研究者たちは、感情的ともとれるような批判や反論を繰り返した（Churchill 1997）。また、メイが組み立てた議論の俎上で反論しようとすると、メイが歴史事実の確定に不適切として退けた史料やインタビュー記録が、従来からフィリピン人歴史学者たちによって引用されてきたとおり、歴史事実を確定するうえで適切であることを再証明しなければならない（Guerrero and Villegas 1997: 137-142）。ところが、それには大変な労力と時間を要する作業が必要であり、当時はそうしたことが不可能と思われる場合が多々あった。

こうした状況のなかで、メイの『英雄の捏造』を読んだとき、私の関心はおのずとメイがこの著書を書いた動機を探ることに向けられた。その結果、グレン・メイが『英雄の捏造』を執筆した真の意図は、「ボニファシオをフィリピン革命における民衆の指導者と確定するために、フィリピン人歴史学者たちが引用してきた史料やインタビュー記録の信憑性に疑義をはさむことによって、彼らが再構築してきたボニファシオ像を覆すのみならず、フィリピン革命史研究の総体をも否定すること」にあるとの結論を得た。しかもメイの論述方法は、自分自身のフィリピン革命史像そのものをフィリピン人歴史学者たちにつきつけて彼らに直接対決を迫るものではなく、自分の革命史像はあくまで暗闇に隠したうえで、フィリピン人歴史学者たちが正当に反論できないかたちで、彼らの史料考証の問題点を批判するというものであった。

これは、グレン・メイが巧妙に仕掛けた「罠」ともいえるだろう。したがって、メイの著書を読み解くには、史料考証について彼が提起した問題点そのものをうんぬんするのではなく、メイが仕掛けた「罠」とは何かを見抜かねばなるまい。こうした作業の詳細については、すでに別稿で述べているので（永野 二〇〇〇）、ここではその概略を記すに留めることにしたい。実際、グレン・メイの著書を注意深く読むと、彼がフィリピン人歴史学者たちの史料考証の問題性を指摘しながら、ボニファシオを軸として独立革命の推移を追っていたことに気がつく。そこで、本節では、「革命まえのボニファシオ」、「テヘロス会議」、「ボニファシオの性格」、「ボニファシオと民衆」の四つを主要テーマとしてメイの著書を分析し、彼のフィリピン革命像を浮き彫りにしてゆこう。

〈革命まえのボニファシオ〉

メイの著書の第一章では、独立革命まえのボニファシオが取り上げられている。メイによれば、フィリピン歴史学界でこれまで受入れられてきたボニファシオ像とは、もうひとりの国民的英雄のリサールとは異なり、貧しい家の出身者であって、十分な教育を受けていない、いわば「無産階級層（プロレタリアート）」というものだった。しかし、メイは、このようなボニファシオ像を形成するにあたって、フィリピン人歴史家たちが利用してきた史料や記述方法に疑問を投げかけ、その修正を迫ったのである。そして彼は、自分自身のボニファシオ像に近いイメージをもつフィリピン人小説家ニック・ホアキンと二人の欧米人研究者の短い記述を引用する。

メイによると、ホアキンはその著書『英雄についての疑問』のなかで、ボニファシオが貧しい家の出身者であることから、彼を「無産者（プロレタリア）」と呼ぶ一方、開国商社の外交員であることに注目して、出世した人物として見なしている。ホアキンが掲げるその理由とは、ボニファシオがきちっとした服装をしていたこと、そして、彼が「フィリピン民族同盟」に加入し、ホセ・リサールをはじめ当時の指導的人物の仲間入りをしたことである（May 1997：48-49)。

さらに、メイは、従来のボニファシオ像に正面から修正を迫った議論として、「これまでの研究では、結社カティプーナンの貧困階層指向とその急進的性格が強調されすぎた」という、ジョナサン・ファーストとジム・リチャードソンの指摘に注目する。そして、「カティプーナンの最高指導者はフィリピン社会の「最下層」の人間ではない」、「[ボニファシオ] は社会階層の底辺よりは、むしろ中央に近い地位、すなわち、無産階級層（プロレタリアート）というよりは小市民階級層（プチブルジョワジー）により近かった」(Ibid.：49-50）という、彼らの主張に大いに共鳴する。かくして、私たちは、メイが心に描くボニファシオ像とは、「無産階級ではなく小市民階級」であることを知ることになる。

〈テヘロス会議〉

つぎに、メイの著書の第二章をとばして（後述)、アルテミオ・リカルテの備忘録を扱った第三章に進むことにしよう。リカルテは、一八九七年五月のアギナルド勢力によるボニファシオの粛清事件につながる、九七年三月のテヘロス会議の場に居合わせた革命軍将軍である。彼は、アメリカのフィリピン占領後、アメリカへの忠誠を拒否したため投獄されたが、このとき備忘録を執筆した。これまでのフィリピン革命史研究では、この備忘録がテヘロス会議に関する最も正確な史料として広く引用されてきた。そして、テヘロス会議とそれに続くボニファシオの粛清が独立革命のその後の展開にきわめて大きな影響を与えたという見解が広く受入れられてきた。前述のように、ボニファシオの粛清以後、革命は、アギナルドの主導権のもとで地方権力者層の利益を温存する方向で展開していったからである。この意味で、テヘロス会議は、民衆を代表するボニファシオから地方権力者層を代表するアギナルドへと革命の主導権が移譲するという、フィリピン革命のなかの一大ドラマの場として位置づけられてきた。ところが、メイはこうした見解に異論をもち、それゆえに、リカルテの備忘録の問題性について執拗に追求することになる。

それでは、メイはどのようにテヘロス会議を位置づけているのだろうか。以下は、彼が本書の第三章の注4で示した、みずからの見解である。

テヘロス会議に関する私の分析は、相互に関連する二つの問題についての議論をほとんど無視、いや、より正確には、避けていることを読者にお断りしておきたい。この二つの問題とは、なぜテヘロスでそれほどまであからさまな対立が起きたのか、そして、なぜ代表者たちがボニファシオを革命運動の指導者の座から引きずり降ろさねばならなかったのか、ということである。いずれの問題も重要である。なぜなら、革命軍内部の緊張と分裂はフィリピンにおける闘争の行方に対して多大の影響を及ぼしたからである。私の沈黙は、革命組織内の分裂の原因が、地域的な相違、階級的対立、あるいはボニファシオの性格への不満とする、既存の説明に満足していることを暗黙のうちに認めていることとして理解しないでいただきたい。むしろ逆で、私は、私たちの独立革命についての理解や、同様にボニファシオについての理解が、疑問の多い史料で曇らされてきたと信じる……。私がこれらの問題をここで避けている理由は、第一に、限られた紙幅でそれらに適切に答えることが不可能であること、そして第二には、この著書でこれらの問題を全面的に議論することが適切でないからである。

しかし、参考までに、ここでこれらの問題に手短に触れておこう……。ボニファシオに対する不満の本質的な理由は、彼の軍事的統率態度にあった。しばしば独裁的であると批判されるため、ボニファシオは軍事司令官として過剰なまでに民主的であろうと努めた……。こうした態度は、アギナルドの、より厳格な権力秩序方式と対照的であった。フィリピン人がスペインとの戦争で敗退を喫していたとき、後者の方式が革命軍のほかの指導者たちに大いに受け入れられたことは明白である。私は、こうした統率方式の違いが、ボニファシオを権力の座から失墜させた直接の原因と考えている。(Ibid.: 184)

グレン・メイのこうした見解と「革命まえのボニファシオ」で示した、メイのボニファシオ像——無産階級ではなく小市民階級——とをつなぎ合わせると、何がみえてくるのだろうか。それは、テヘロス会議後のボニファシオからアギナルドへの権力の移譲は、二人の間の革命軍の統率方式の違いから生じたものにすぎない、というメイの考え方である。そして、こうした考え方の延長線上には、ボニファシオとアギナルドがそれぞれ別個に率いた革命組織の構成員の間にはさほどの違いもなく、したがって彼らを独立革命へと駆り立てた思想や信条にも大きな違いはなかったという、メイの見解があったことになる。さらにメイの著書を読み進むことによって、彼の革命史像を追うことにしたい。

〈ボニファシオの性格〉

メイは第四章で、アゴンシリョの『大衆の反乱』が描いたボニファシオ像を批判している。メイによれば、アゴンシリョは、革命家としてのボニファシオの人生を二つの時期にわけて考察する。第一期は、結社カティプーナンが創設された一八九二年七月から九六年八月の武装蜂起までで、この時期は、ボニファシオがカティプーナンを彼の指導力のもとで統率し、組織の拡大をはかった、「成功」の時代である。第二期は、一八九六年後半から九七年五月の彼の死にいたる、「敗退」の時期である。一八九六年一二月にマニラの南方に位置するカビテ州に到着したあと、ボニファシオはアギナルドとの確執に苦慮する。しだいに彼は劣勢となり、九七年三月のテヘロス会議でついに革命の主導権を喪失する。その後、アギナルドを頂点とする新革命政府への服従を拒否したため、ボニファシオは革命政府に逮捕され軍事法廷で死刑となり、同年五月に処刑されることになる（Ibid.: 115-116）。

メイは、アゴンシリョがこの二つの時期にボニファシオの性格が大きく変化したと主張していることに注目する。メイによると、アゴンシリョは、武装蜂起にいたる過程のボニファシオを、善良かつ有能な組織家でカリスマ性をもつ指導者としてみているのに対し、死にいたる最後の数カ月のボニファシオは、頑固で寛容性を喪失し、超過敏で政治的判断を失って反逆的性格をあらわにする性格の持ち主として描いている。このように、アゴンシリョは、革命家としてのボニファシオの人生を二つの時期にわけたことと重ね合わせて、ボニファシオの性格が変化したとするのである（Ibid.: 117）。

メイが批判したのは、ボニファシオを取り巻く革命組織内部の状況変化が一八九六年後半以降に大きく変化し、その変化がボニファシオ自身の性格に投影されたという、アゴンシリョの議論である。メイは、アゴンシリョが依拠した史料やインタビュー記録の信憑性に疑義をはさむことによって、アゴンシリョが描いた二つのボニファシオ像は虚構であると主張する。しかし、その真の意図は、アゴンシリョの二つのボニファシオ像それ自体を批判することにあったのではない。むしろ、私の目には、二つのボニファシオ像を構築するうえで、アゴンシリョが描いたフィリピン革命史像そのもの――ボニファシオを独立革命の初期の担い手として革命史の真正面に登場させ、ボニファシオに代表される民衆が革命を遂行するうえできわめて大きな役割を担ったという――を批判することにあったと映る。なぜなら、メイは、ボニファシオの性格は、カティプーナン創設から彼の死にいたるまで変化しなかっただろうと考えているからである（Ibid.：134-135）。そのメイの含意は、「ボニファシオからアギナルドへの権力の移譲は、革命組織上の単なる転換点にすぎず、革命の軸が民衆から地方権力者層へと移行したことを意味するものではない」というものである。この点は、第五章を読むことで一層はっきりと知ることができる。

〈ボニファシオと民衆〉

第五章では、イレートの『キリスト受難詩と革命』のなかで描いたボニファシオ像が批判の対象となっている。メイは、ここで、イレートが依拠した史料の信憑性を疑うことによって、ボニファシオと民衆とのつながりを切断する試みを行うことになる。前述のように、イレートは、「コロルム」と呼ばれる民衆の自然発生的な蜂起形態がもつ千年王国的性格の延長線上に結社カティプーナンの変革思想を位置づけた。結社カティプーナンの変革思想とは、ボニファシオを最高指導者とする民衆の反植民地思考のことである。とすると、イレートは、どのような史料にもとづいてボニファシオの率いるカティプーナンと「コロルム」と呼ばれる千年王国運動との接点を見出していったのだろうか。メイのまなざしはこの一点に集中していく。

メイが指摘するように、コロルムとカティプーナンの接点を見出すためにイレートが引用した史料は、カティプーナンの機関紙『カラヤアン』に掲載された幾つかの文章であった。そして、イレートが分析を試みた最初の文章は、これまでの研究で、ボニファシオ自身が執筆したとされてきた「タガログ人が知らねばならぬこと」である。その内容は、イレートの分析によると、パション、すなわち、キリスト受難詩に現れるモティーフを基礎として、タガログ人がたどった歴史をふりかえり、失われた楽園を回復するための受難のときが来たことを告げたもので、パションを軸に千年王国思想をもつコロルムとボニファシオの結社カティプーナンとが、民衆のもつ意味世界を共有していたことを示していた（Ibid.: 151-156）。

しかし、ここでメイは、ボニファシオが「タガログ人が知らねばならぬこと」を書いた証拠がないと主張する。「知らねばならぬこと」はカティプーナンの機関紙に掲載されたので、カティプーナン会員のうちの誰かが書いたのだろうが、それがボニファシオであるという保証はまったくない、事実、機関紙『カラヤアン』の現物は現存しない、「知らねばならぬこと」のタガログ語原文はなく、現在あるのは、英語もしくはスペイン語訳からホセ・サントスが一九三〇年代に再度タガログ語に直した文章の可能性が濃い（Ibid.: 157-161）、とする。そしてメイは続けて、イレートは一八九六年のカティプーナンの蜂起を扱った章でボニファシオが詠んだとされる詩を分析しているが、この詩が最初に紹介されたのはホセ・サントスの著書であり、したがってサントス自身がその詩を書いた疑いすらあるとして、その攻撃の手を緩めない（Ibid.: 161）。

さらに、メイのイレートへの最後の攻撃がつぎのように続く。すなわち、メイによれば、イレートは、ボニファシオとアギナルドの対立点をカティプーナンの千年王国的性格の文脈のなかで位置づけているが、その論拠となった史料のひとつは、ボニファシオがカティプーナンの中心的理論家であるエミリオ・ハシントに送った手紙である。ところで、この手紙こそ、信憑性に疑いありとして、メイが第二章で議論した、ボニファシオの四通の手紙のひとつだった（Ibid.：161）。ここにおいて、私たちは、なぜメイが第二章できわめて詳細にボニファシオの四通の手紙がもつ問題性を議論する必要があったのか、その本当の理由を知ることになる。それは、何よりも彼のイレート批判を完結させるためのものであった。なぜなら、ボニファシオのカティプーナンは、民衆の自然発生的な蜂起形態であるコロルムとは無縁だというメイの主張を、メイが立てた議論の筋道にしたがって正当化するためには、ボニファシオがハシントに送った手紙はぜひとも偽物でなければならなかったからである。

〈グレン・メイのフィリピン革命史像〉

このように『英雄の捏造』を読み解くことによって、私たちはグレン・メイ自身が描くフィリピン革命史像を手にすることができる。メイが描くフィリピン革命史像とは、一八九六年八月のスペインに対する結社カティプーナンの蜂起、九七年三～五月のボニファシオからアギナルドへの革命政府内における権力の移譲、さらに九八年九月の革命議会の編成から九九年一月のフィリピン共和国成立、同年二月のフィリピン・アメリカ戦争の開始から一九〇二年七月のアメリカ軍による平定作戦完了宣言にいたる過程において、革命組織および政府は、地方権力者層の指導のもとに編成され、この間に民衆から地方権力者層へと革命の主導権が移譲したことなどまったくない、というものである。すなわち、メイによれば、フィリピン革命は、地方権力者層の指導力のもとで民衆を率いた民族運動であり、民衆が独自の革命思想のもとでスペインやアメリカと交戦した闘争ではないのである。

興味深いことに、メイのこうしたフィリピン革命史像は、一九七九年に出版されたイレートの『キリスト受難詩と革命』はもとより、一九五六年のアゴンシリョの『大衆の反乱』登場以前の、独立革命史像とぴったりと一致する。前述のように、『大衆の反乱』の登場以前、公に認められてきたフィリピン通史では、フィリピン革命の主要な担い手は富裕層であって、民衆は副次的役割を担っていたにすぎないとされてきた。メイは、フィリピン人の集合的記憶としての独立革命史の対抗言説として、アメリカ植民地期に創られたフィリピン革命史像を正面切ってフィリピン人歴史学者に突きつけるかわりに、自分とは異なるフィリピン革命史像を提示してきたフィリピンの論客に対し、史料やインタビュー記録の信憑性に疑義をはさむという巧妙な「罠」をはって、一斉攻撃をしかけたのである。

三　レイナルド・イレートの反論

グレン・メイがフィリピン人歴史家たちに放った矢は、フィリピンの歴史学界で大きな衝撃として受け取られ、前述のように批判や反論が繰り返された。そうしたなかで、グレン・メイの真の意図が、史料考証批判それ自体にあるのではなく、アゴンシリョ以来フィリピンで再構築されてきた独立革命史像総体に対する全面攻撃であることを見抜き、痛烈な論陣をはったのがレイナルド・C・イレートであった。グレン・メイが批判の対象として扱った研究書や同時代の備忘録などの著者たちは、イレートを除いてすでに物故している。また、イレートの著書が公刊以来国際的に高い評価を受けてきたことからすると、グレン・メイが批判の最大の標的としたのは、イレートではなかったかと思われる。

イレートは、一九九八年末に公刊された著書『フィリピン人と革命——出来事・言説・歴史叙述』の第九章「歴史と批判――英雄の捏造」において、以下のような鋭い指摘を行った。すなわち、「メイが偽装しているために、この本［『英雄の捏造』］の読者たちは気づかないかもしれないが、今日の論争は、アメリカ占領時代に始まり一九五〇年代から六〇年代に最も高揚した古い論争の焼き直しである」（Ileto, 1998: 231）、と。さらに続けて、イレートは、「［フィリピンでは］一九五〇年代にポスト植民地期の新世代の著述家と研究者たちによって論破されるまで、アメリカ植民地言説がいかに歴史的記述を徹頭徹尾支配していたのかを認識しなければ、メイの攻撃の激烈さの本当の意味を理解することはできない」（Ibid.: 232）と主張したのである。こうして、グレン・メイ対レイナルド・イレートの対決は、一方で、イレートの反批判によって、他方では、グレン・メイがフィリピン人の歴史家のみならず、在米フィリピン系アメリカ人からも強い抗議を受けたことをきっかけとしてフィリピン史研究をいったん放棄したことにより、ひとまず終息点を迎えた。

ところでグレン・メイが提起した史料考証上の問題点は解決したのだろうか。メイが提起した史料の信憑性に関する問題のうちいくつかは――フィリピンで活躍するフィリピン人歴史学者アンベス・オカンポが最初に提起したものであるが（Ocampo, 1995: 5-9）――、たしかに十分に考慮に値するものである。しかし、前述のように、この問題に対する解答を得るには、きわめて多くの問題を乗り越えなければならず、相当の時間がかかる。とすると、グレン・メイが主張したように、いくつかの史料の信憑性に問題があったとするならば、イレートがその著書『キリスト受難詩と革命』で提示した視点――結社カティプーナンを民衆の自然発生的蜂起の延長線上でとらえる――は有効性をもちえなくなるのであろうか。この点を明らかにするために、ここでメイが批判の対象としたイレートの『キリスト受難詩と革命』を再び読み解くことにしよう。

メイが批判の対象としたのは、『キリスト受難詩と革命』の第三章である（Ileto 1979: chap.3: 邦訳、二〇〇五：第3章）。本章は、イレートが、ボニファシオの結社カティプーナンを「コロルム」と呼ばれる民衆の自然発生的な蜂起形態の延長線上でとらえるという卓抜な試みをした重要な箇所である。メイの批判が妥当か否かを吟味するにあたって、私たちが行うべき作業は、メイの指摘にしたがってこの章を読むのではなく、私たち自身が私たちのまなざしでもってどのように読み解くことができるかである。そして、実際にこのような読み方をしてみると、メイの批判が作為に満ちたものであることに気がつく。

第一に、第三章で、イレートが意図したことは、ボニファシオ個人とコロルムの接点を見出そうとしたのではなく、ボニファシオが創設者であった結社カティプーナンとコロルムとが民衆のもつ意味世界を共有していたことを明示し、それによって、フィリピンの社会と文化の根源を探ることにあった。とすると、メイが主張するように、「タガログ人が知らねばならぬこと」が、ボニファシオが書いたものでないとしても、それがカティプーナンの機関紙に掲載されたものであり、メイがいうように、カティプーナン会員のうちの誰かが書いたものであるのなら、「知らねばならぬこと」のなかにキリスト受難詩と重なる意味世界をみることができる限り、カティプーナンとコロルムとの接点があったことになる。

第二に、メイは、イレートはボニファシオが詠んだとされる詩、「フィリピンの最後の嘆き」を分析しているが、この詩が最初に紹介されたのはホセ・サントスの著書なので、サントス自身がその詩を書いた疑いすらあるとする。しかし、たとえこの詩を書いたのがボニファシオでなく、万一サントスだったとしても、イレートの議論の大筋が崩れることはない。なぜなら、イレートは、独立革命期の民衆の意味世界を表現した作品のひとつとして、「最後の嘆き」という詩を掲げたのであって、イレートはそのほかに、ボニファシオの弟の詩や作者不明の「クンディーマン」と呼ばれる流行歌、そして同時代人による記述に丹念にあたり、カティプーナンとコロルムの接点を再構成しているからである。

第三に、前述のように、メイによれば、イレートは、ボニファシオとアギナルドの対立点をカティプーナンの千年王国的性格の文脈のなかで位置づけているが、その論拠となった史料のひとつに、ボニファシオがカティプーナンの中心的理論家エミリオ・ハシントに送った手紙がある。この手紙が偽物であったとしたら、どうであろうか。第一、二点として上述してきたことから明らかなように、たとえこの手紙が偽物であったとしても、その他の史料に依拠するイレートの議論から、結社カティプーナンを率いたボニファシオとアギナルドとが異なる世界観や革命像をもっていたことはほぼ自明のことであり、こうした両者の相違点が一八九七年五月のボニファシオの粛清へとつながったとみることができよう。

ところで、欧米の著名な東南アジア歴史学者ニコラス・ターリングは『東南アジア現代史』（二〇〇一年）で、グレン・メイの問題提起を踏まえたうえで、私とほぼ同様に、イレートの研究に対して次のような評価を与えている。

多くのフィリピン人歴史学者と同様に、レイナルド・イレートは一八九〇年代の独立革命について研究を行ったが、その著書『キリスト受難詩と革命』において彼は新しい視点で研究した。「大衆」——テオドロ・アゴンシリョの独立革命に関するかつての著書の表題からこの用語を借用して——は、有産《イル》知識階層《ストラード》が西欧からもたらしたナショナリズムに関する考え方をどのように了解したのだろうか、と。彼らの「自由」についての概念はじつは［西欧思想と］同じではなかった。彼らにとって独立革命とは、タガログ語圏の復活祭週間に演じられるキリスト受難詩を通して多くの場合受け入れてきた、キリストによる救済のお告げの現世版と関わりをもつものであった。……彼の研究の最も卓越した特徴は、スペイン語文献とタガログ語文献を併用した点にある。「「底辺からの歴史」を書くためには、「底辺から」の文書やその他の史料を適切に使用することが必要である」、と。イレートが依拠した幾つかの文書は、グレン・メイが論じたように、その信憑性が疑わしいものであったが、そのことは彼の基本的な議論を台無しにするものではない。農民と独立革命は千年王国的伝統で結ばれており、「大衆」という用語の使用によって示唆されるような、外部から移入された伝統によって結ばれていたのではないのである。
（Tarling, 2001: 521）

確かにターリングが指摘するように、イレートの著書には、史料考証の不備や、「エリート」と「大衆」を対置して（もっとも、イレートは随所で、「大衆」（masses）と「農民」（peasant）の用語を互換的に使用しているのだが）、「大衆」の千年王国的世界観を浮き立たせるため、「エリート」と「大衆」の世界観がまったく異なるような印象をもつ記述方法になっていることなどの問題点があることは否めない。また、反植民地思考に裏打ちされた民族意識の形成過程のなかで、フィリピン革命が遂行されたとするならば、「エリート」と「大衆」の世界観を結ぶ共通項はまったくなかったのか否か、あるいは、イレートが「大衆」の世界観として描いた千年王国的世界観を「エリート」はまったく共有しえなかったのか否か、などの疑問も湧いてくる。しかし、『キリスト受難詩と革命』によって、イレートは、アメリカ植民地期に形成されたフィリピン革命史に関する言説――フィリピン革命の主要な担い手は富裕層であって民衆は副次的役割を担っていたにすぎない――を、アゴンシリョの研究を超える地平で覆した意義が損なわれることはないだろう。

むすび

本章では、グローバリゼーションの時代において集合的記憶がもつ意味を検証する目的で、一九九〇年代にフィリピン歴史研究の分野で最も激烈な論争を呼んだ、フィリピン革命史論争を取り上げた。この論争についてごく表面的見方をすると、グレン・メイとレイナルド・イレートの論争は、アメリカ人歴史学者からみたフィリピン革命史観とフィリピン人歴史学者からみたフィリピン革命史観の相違にすぎないとの判断が成り立つような錯覚を抱きかねない。しかし、グレン・メイがフィリピン人歴史学者たちに挑んだ論法には、それ以上の問題が含まれていたことに注目する必要がある。「それ以上」とは、メイが仕掛けた「罠」と私が呼ぶもののなかに、アメリカ人歴史学者の思考体系のなかに潜む文化的ヘゲモニーの存在をみてとることができるからである。

そもそも、グレン・メイは、著書『英雄の捏造』の序章で、この本を執筆するにいたる経緯を詳しく述べている。メイは、当初、このような本を書くつもりはなかった。メイは、一九九六年のフィリピン革命百周年に向けて、一九八九年からフィリピン革命の研究に着手し、その関心はしだいにアンドレス・ボニファシオに向けられ、メイ自身の観点からボニファシオをテーマに本を書く準備を始めたものの、手持ちの史料ではこうした試みが無理であることがわかった。そうしたなかで、既存の研究で引用されている史料の信憑性に問題があることをつきとめ、それを軸に一冊の本をまとめることにしたという（May, 1997：2-5)。

もしグレン・メイがつねに正攻法でもって問題に対処する歴史家であれば、その信憑性に問題があるとする史料ひとつひとつを吟味し、その真贋問題にみずから決着をつけるべきだった。そもそも「信憑性に問題あり」として最初に史料考証の不備を指摘したのは、前述のようにフィリピン人歴史学者アンベス・オカンポであった。メイは、自分の視角からボニファシオ論を書くことができないという状況のなかで、歴史学者が疑問に思ったらまずもって行うべき史料考証に手をつけずに、フィリピン人歴史学者が引用した史料やインタビュー記録の信憑性に疑義をはさんだのである。しかもその論法は、あくまで自分の革命史像は闇のなかに隠しておいて、フィリピン人歴史学者が正当に反論できないかたちで、彼らの史料考証の問題点を批判するというものだった。こうした論法、すなわち、「罠」に反論するには、メイの論法自体を読み解く術が必要である。しかし、メイがこのような巧妙な「罠」を仕掛けたということは、メイ自身が、フィリピン人歴史学者たちはメイの「罠」を読み解くことができないという前提に立っていたと考えるべきだろう。なぜなら、メイにとって、「罠」を読み解かれることは、彼が闇のなかに隠していた、彼自身のフィリピン革命史像をフィリピン人歴史学者たちの眼前にさらすことになったからである。つまり、メイは読み解かれてはならない「罠」を仕掛けるという賭けに出たことになる。

このような危険な賭けができたこと、すなわち、フィリピン人歴史学者たちがメイの「罠」を読み解くことができないという前提に立つことができたことは、メイ自身が、フィリピン人歴史学者たちに対して優位に立っているという意識を内在していたことを意味するものだろう——とりわけ、メイが批判の最大の標的にしたイレートに対して。なぜならイレートが学術研究の道を歩むにあたって、学びの場としたのは、アメリカの東南アジア研究のメッカのコーネル大学であり、メイの目からすれば、イレートはアメリカの東南アジア研究が育てたフィリピン人歴史学者として映っていたのではなかろうか。ここに、私は、メイの思考体系に内在するアメリカの文化的ヘゲモニーをみる想いがする。

この意味で、私たちは、メイが一九九六年のフィリピン革命百周年とからめて、『英雄の捏造』を出版した意味を再度問う必要があろう。いうまでもなく、独立革命は、フィリピン人にとって最も誇れる歴史的事件であった。そのわけは、フィリピン人が反スペイン植民地戦争を通して、短命ではあったが、フィリピン共和国を樹立したからである。フィリピンは歴史上、スペインに続いてアメリカ、そしてアジア・太平洋戦争中に日本の占領下に置かれた。しかし、一九四六年のアメリカからの独立は、独立戦争によるものではなく、一九三四年にアメリカ政府とフィリピン議会との交渉のなかで認められたものであった。さらに、日本占領からフィリピン国土を解放したのは、フィリピン軍独自ではなく、フィリピン軍がアメリカ陸軍のなかに統合されて構成された、極東アメリカ軍（ＵＳＡＦＦＥ）だった。こうした歴史的背景のもとで、フィリピン人がもつ集合的記憶にとって、独立革命から百年を経過したという時間的重みが、一九九〇年代末には重要な意味をもっていたのである。

他方、グレン・メイが「罠」を仕掛けてまで、みずからのフィリピン革命史観を維持しようとした事実は、私にとってひとつの衝撃であった。なぜなら、メイをしても、一九八〇年代には『英雄の捏造』を書くことはできなかったと思われるからである。むしろ、この著書は、一九九〇年代のアメリカの文化状況、つまり、アメリカが先導するグローバリゼーションの流れが高揚するなかで、それまでの「アメリカの文化的優勢」とはやや異質な権力構造が文化領域に浸透していたときに、執筆することができたものといえよう。一九九〇年代には新自由主義のイデオロギーが闊歩するなかで、アメリカを軸とする一元的文化的価値体系によって、ほかの国々の集合的記憶を解体しようとする力学が、きわめて強く機能していた。この意味で、一九九七〜九八年のフィリピン革命史争は、フィリピン歴史研究をめぐる固有の現象ではなく、新自由主義イデオロギーのもとにおける歴史学をめぐる普遍的文化現象のひとつとして受けとめることができるように思われる。

ところで、上記のフィリピン革命史論争から一五年余を経過した今日、革命史をめぐる史料考証において画期的な著作が刊行された。ジム・リチャードソンによる『自由の輝き――カティプーナンの史料と研究、一八九二〜一八九七年』(Richardson 2013) がそれである。五〇〇頁に及ぶこの大著は、革命結社カティプーナンに関連した膨大なタガログ語史料の原語を正確に活字化したうえ、英訳を付したものである。ほとんどが未公刊史料であるが、カティプーナンの組織的性格と活動を伝える意味で重要な史料については、すでに公刊されたものもこのなかに含まれている。この重要史料のなかには、ボニファシオが書いたとされてきた「タガログ人が知らねばならぬこと」やボニファシオがハシントに送った四通の手紙もある。これらの史料については、リチャードソン自身が実際にボニファシオによって書かれたのかどうかの検証を行い、間違いなくボニファシオが書いたとの結論を引き出している (Ibid.: 477-493)。この結果、学術的手続きをへて、結社カティプーナンに関わる文書の信憑性についての議論にようやく決着がついたようにみえる。

とはいえ、フィリピン革命はエリートが先導した民族運動であったのか、そうではなく、社会革命の意味を伴う民衆の反乱が主導したものなのか、あるいはその双方が複雑に交錯した世紀転換期の反植民地主義的社会動乱であったのかについては、依然として錯綜した議論が続いている。フィリピン革命がまぎれもなくフィリピン近現代史の原点である以上、今後も相対立するさまざまな論争が内外で展開されることであろう。

注

(1)　本書第3章のあとに収録した「〈座談会〉9・11から未来社会へ」は、こうした問題意識のもとに二〇〇一年一〇月に行われたものである。

参考文献

Agoncillo, Teodoro A.（1956［1996］）*The Revolt of the Masses:The Story of Bonifacio and the Katipunan,* Quezon City: University of the Philippines.

Churchill, Bernardita Reyes, ed.（1997）*Determining the Truth:The Story of Andres Bonifacio,* Manila: Manila Studies Association.

Guerrero, Milagros C., and Ramon N. Villegas（1997）"The Historian as Inventor," *Public Policy*（UP-CIDS）, vol.1, no.1.

Ileto, Reynaldo Clemeña（1979）*Pasyon and Revolution:Population Movements in the Philippines, 1840-1910,* Quezon City: Ateneo de Manila University Press.（レイナルド・C・イレート著、清水　展・永野善子監修、川田牧人・宮脇聡史・高野邦夫訳『キリスト受難詩と革命——一八四〇〜一九一〇年のフィリピン民衆運動』法政大学出版局、二〇〇五年）.

Ileto, Reynaldo C.（1998）*Filipinos and Their Revolution:Event, Discourse, and Historiography,* Quezon City: Ateneo de Manila University Press.

Ileto, Reynaldo C.（1999）*Knowing America's Colony: A Hundred Years from the Philippine War,* Honolulu: Center for Philippine Studies, University of Hawai'i at Manoa（本書の第一論文と第二論文は、以下の邦訳書の第2章と第3章として所収。レイナルド・C・レート、ビセンテ・L・ラファエル、フロロ・C・キブイェン著、永野善子編・監訳『フィリピン歴史研究と植民地言説』めこん、二〇〇四年）.

May, Glenn Anthony（1997）*Inventing a Hero: The Posthumous Re-Creation of Andres Bonifacio*, Quezon City: New Day Publishers.
Ocampo, Ambeth R.（1995）*Bonifacio's Bolo*, Pasig City: Anvil Publishing.
Richardson, Jim, 2013. *The Light of Liberty: Documents and Studies on the Katipunan, 1892-1897*, Quezon City: Ateneo de Manila University.
Tarling, Nicholas（2001）*Southeast Asia: A Modern History*, Victoria: Oxford University Press.
サイード、エドワード・W（二〇〇一）『文化と帝国主義』（2）大橋洋一訳、みすず書房。
グラック、キャロル（二〇〇一）「現在のなかの過去」（アンドルー・ゴードン編、中村政則監訳『歴史としての戦後日本（下）』みすず書房。
ドブレ、レジス（二〇〇二）「レジス・ドブレ氏——混迷の二一世紀　現代思想家に聞く」『朝日新聞』（一月一八日夕刊）。
永野善子（二〇〇〇）『歴史と英雄——フィリピン革命百年とポストコロニアル』（神奈川大学評論ブックレット11）、御茶の水書房。

第3章　フィリピン歴史研究の翻訳に携わって

はじめに

日本の東南アジア研究にとって、海外の優れた研究書を翻訳する作業はひとつの重要な意味をもってきた。その理由のひとつは、日本が地理的に東アジアに位置し、東南アジアが日本人にとって異文化社会であることにある。このため、東南アジア研究を志す場合に、おのずと現地の研究者たちの研究を追跡することが肝要となり、現地語で書かれた諸文献の紹介を兼ねて、翻訳を行うことで、彼らの社会への接近をはかることができる。しかし、フィリピンの場合、現地語（フィリピン語）と並んで英語が公用語として使用されていることもあり、小説などを除くと、人文・社会科学の主要な著作がほとんど英語で書かれている。したがって、フィリピン人研究者は、彼らの主要な読者として、フィリピン国内の研究者のみならず、欧米英語圏の研究者も意識して論文や学術書を執筆することになろう。とすると、フィリピン人によるフィリピン研究を日本語に翻訳し、日本のフィリピン研究、あるいは、より広い意味においては日本の東南アジア研究のなかに翻訳の成果を投入する作業とは、いかなる知的葛藤を伴うものなのだろうか。

本章では、フィリピン歴史研究に関わる翻訳作業の経験をとおして私が得た、「認識論的世界の旋回」について語ることにより、フィリピン人によって書かれた英語文献の日本語テクストへの翻訳に関わる問題に接近することにしたい。そもそも、ここでこのような論考をまとめようと考えたきっかけは、今から一〇年ほどまえにフィリピン人研究者たちの英語によるテクストを日本語に翻訳する過程で、翻訳という知的作業が、英語圏というひとつの政治文化圏とそれとは異質な日本の政治文化圏との間を往復するという、いわば

「越境的な知的闘争の場」を創り出すことを、身をもって体験したからである。

ふりかえってみると、一九七〇年代後半の日本では、フィリピン研究の分野で「翻訳ブーム」ともいえる動きがあった。東京の勁草書房の子会社として井村文化事業社が東南アジア関係の書物の出版を始める一方、トヨタ財団が「隣人をよく知ろう」プログラムを立ち上げ、これによって東南アジア（そしてのちには南アジアも含む）で出版されたすぐれた書物の翻訳出版助成が行われるようになった。こうした好条件のなかで、一九七七〜八〇年の数年間にたくさんの著作が陸続と翻訳された。

たとえば、ホセ・リサールの有名なスペイン語の二つの小説『ノリ・メ・タンヘレ（われに触れるな）』と『エル・フィリブステリスモ（反逆）』（リサール　一九七七、リサール　一九七八、テオドロ・アゴンシリョのフィリピン小史（アゴンシルリョ　一九七九）、レナト・コンスタンティーノの評論集（コンスタンティーノ　一九七七）とその歴史書（コンスタンティーノ　一九七八、コンスタンティーノ　一九七九〜八〇）が挙げられよう。また、それに先だって、一九七〇年代初頭にはグレゴリオ・F・サイデの歴史の翻訳が刊行され（サイデ　一九七三）、一九六〇年代半ばにはアントニオ・デ・モルガによる一六世紀フィリピン諸島誌（スペイン語）の優れた日本語訳が出版されたことも看過することはできない。

さらに一九八〇年代には多くのフィリピン関係の書物が翻訳されたが、その多くがタガログ語（フィリピン語）もしくは英語の文学であった。このため一九八〇年代から九〇年代にはフィリピン歴史研究の分野での翻訳はほとんどなく、管見のかぎり、ニック・ホアキンの著作（ホアキン　一九八六）とアゴンシリョによる日本占領期史の大著の最初の四分の一の翻訳が出版されるにとどまった（アゴンシリョ　一九九一）。また、現代フィリピン政治史や社会構造分析に関する研究書（ワーフル　一九九七、スタインバーグ　二〇〇〇）

やフィリピン人の伝記や歴史物語・小説の翻訳も刊行されているが（ヘンソン　一九九五、キリノ　一九九〇、ボコボ・オリバー　二〇〇二、ホアキン　二〇〇五、ホルス　二〇〇五、ソリヴェン　二〇〇七）、本格的な学術書は長らく翻訳されてこなかった。

こうした状況のなかで、期せずして私は、フィリピン歴史研究に関する二つの翻訳作業に携わることになった。最初の翻訳企画は、『フィリピン歴史研究と植民地言説』として二〇〇四年に刊行された論文集である。この論文集では、レイナルド・C・イレート、ビセンテ・L・ラファエル、そしてフロロ・C・キブイェンによるフィリピン人歴史家・政治史研究者の八篇の論文を選択し、それを四人の訳者たちとともに翻訳した（イレートほか　二〇〇四）。続いて参加することになった企画は、レイナルド・C・イレートの名著『キリスト受難詩と革命――一八四〇〜一九一〇年のフィリピン民衆運動』(Ileto 1979) の翻訳である。二〇〇五年にようやく出版に漕ぎつけたこの翻訳企画では、三人の中堅・若手研究者たちが綴った訳文の監修を、清水展氏とともに担当した。

もっとも、二〇〇四年半ばまで、もともと経済史を専門とする私が『キリスト受難詩と革命』の翻訳に関わることになるとは想像すらしたことがなかった。同書は、フィリピン歴史研究の分野の研究書として、その内容からして翻訳がもっとも困難な本のひとつである。しかし、一九七九年に同書が刊行されてからほぼ四半世紀をへて、二〇〇四年にベトナム語の翻訳書が刊行された。続いて、その約一年後に日本語の翻訳書がようやく日の目をみた。日本語版の「監修者あとがき」にも明記されているように、この翻訳企画が正式に発足したのは一九九〇年代半ばだった。その後さまざまの困難が重なって作業が滞り、二〇〇四年はじめに翻訳チームが新たに編成された。私は清水展氏のお誘いを受けて同年半ばからその監修作業に参加することになった。

結果的には、この新しい翻訳チームが編成されて一年半ほどで翻訳が完成した。なかば快挙ともいえるそうした作業を可能にしたひとつの強力な要因は、中堅・若手フィリピン研究者三人のチームワークのよさもさることながら、フィリピンの言語と文化を専門とする高野邦夫氏の卓越したタガログ語の翻訳能力にあった。六章からなる同書の本文には各章において膨大なタガログ語の引用文が含まれており、それらについては英訳がつけられている。高野氏は、まずタガログ語の原典と原著の英訳を慎重に対照させつつ、それらをすべて見事な日本語に翻訳した。さらに、原著では英訳されなかった、付録の長文の詩歌《アウィット》四篇についても、タガログ語から日本語に翻訳された。一九世紀の古いタガログ語のパション（pasyon：キリスト受難詩）、詩歌《アウィット》、恋歌《クンディマン》、物語《コリド》がすぐれた日本語に翻訳されていなかったら、私は監修者のひとりとして、原著の緻密かつ複雑な英語のテクストを日本語に翻訳する作業に耐えうることができなかっただろう。『キリスト受難詩と革命』は、歴史学・人類学・宗教学・思想史・文芸批評といった複数の学問分野を横断した学際的手法によって完成された作品であり、翻訳作業は文字通り、二人の監修者と三人の訳者による「知的格闘劇」の場と化したからである。

以下、二つの翻訳プロジェクトをふりかえりながら、翻訳とは何かについて考えてゆきたい。

一　翻訳とは何か――『フィリピン歴史研究と植民地言説』をとおして

そもそも翻訳とはいったい何なのであろうか。翻訳とはどのような行為として理解すべきなのだろうか。

いうまでもなく、これは大問題である。そこでこの大問題への問いに接近する手がかりをつかむため、ここでは、なぜ外国語文献を翻訳するのか、翻訳する文献を私たちはどのように選択するのか、という問題について簡単に述べることにしよう。

まず、後者の問題に対するきわめて単純な答えは、さしあたり、外国語で書かれた重要な書物や論文などがそのままでは日本の読者には理解されない可能性が高いので、そうした文献を選んで翻訳するということになろう。

しかし、ここで配慮すべき事柄は、外国語で書かれた書物や論文が外国語文献として日本社会の外で高い評価を得ていたとしても、日本社会の文脈のなかで重要性をもたなければ、翻訳する価値や意味がないということである。したがって、翻訳文献の選択のプロセスを考えただけでも、翻訳という行為は、翻訳のために使用される言語のもつ特殊な政治文化的環境が深く関与していることがわかる。

この点について、まず、『フィリピン歴史研究と植民地言説』の編集と翻訳の監修を行った経験から、若干述べることにしたい。前述のように、本書は、イレート、ラファエル、キブイェンの諸論文を、彼らの著作群（Ileto 1999 など；Rafael 2000；Quibuyen 1999）のなかから選択し、それを翻訳して一冊の論文集として編集したものである。その主たる目的は、フィリピン歴史研究に関して先鋭的かつ洞察力のある議論を展開している三人のフィリピン人研究者たちの研究を、日本に紹介するためであった。参考までにこの論文集の構成を以下に示しておこう。

第1部　フィリピン革命史研究からオリエンタリズム批判へ　レイナルド・C・イレート
第1章　一八九六年革命と国民国家の神話
第2章　知と平定――フィリピン・アメリカ戦争
第3章　オリエンタリズムとフィリピン政治研究
第2部　アメリカ植民地主義と異文化体験　ビセンテ・L・ラファエル
第4章　白人の愛――アメリカのフィリピン植民地化とセンサス
第5章　植民地の家庭的訓化状況――帝国の縁辺で生まれた人種、一八九九〜一九一二年
第6章　国民性を予見して――フィリピン人の日本への対応に見る自己確認、協力、うわさ
第3部　変わるホセ・リサール像　フロロ・C・キブイェン
第7章　リサールとフィリピン革命
第8章　フィリピン史をつくり直す

この論文集の第一の著者イレートは、本書第2章で紹介したように、『キリスト受難詩と革命』の刊行でフィリピン革命史研究に新たな地平を切り拓き一躍脚光を浴びた歴史家である。第二の著者ラファエルは、その約一〇年後に『契約としての植民地主義――初期スペイン統治下のタガログ社会における翻訳とキリスト教への改宗』（Rafael 1988）を発表し、フィリピン植民地社会の分析にポスト構造主義理論を導入する意欲的試みに成功した研究者である。この二人のフィリピン人歴史学者は、一九八〇年代以来、内外のフィリピン研究はもとより、東南アジア研究に多大な影響を与えてきた。さらに第三の著者キブイェンは、本書第1章

で示したように、近年、気鋭の政治学者として、『挫折した民族――リサール、アメリカのヘゲモニー、フィリピン・ナショナリズム』（Quibuyen 1999）を著し、アメリカ植民地期に定説化したフィリピンの国民的英雄ホセ・リサール像の脱構築にかかんに挑戦した（本書第1章参照）。[1]

第二次世界大戦後、日本社会の政治文化状況は、アメリカの影響との関連できわめて大きな変化を蒙ってきた。とくに一九九〇年代初頭のバブル崩壊後、日本社会が漂流し、二一世紀に入ってからはグローバリゼーションの名のもとにアメリカ化が加速した。小泉政権下の日本社会のグローバル化はいったんは日本経済の回復を促したようにみえたが、他方で、戦後の日本社会を支えてきた「平等主義」の礎を脆弱なものにしていった。敗戦後、日本はアメリカの影響化にその復興の道をたどってきたが、その教育や知的状況においてアメリカの影響が決定的な意味をもち始めたのは、一九八〇年代初頭からのことであった。[2]

こうした事実は、一九七〇年代末までの日本のアカデミズムや知的世界においては、ヨーロッパ（ドイツ、フランス、イギリスなど）の影響が歴史的にも色濃く残っていたことを意味する。私は、一九七〇年代にほとんどの学部教育と大学院教育を受けた者として、七〇年代以前と八〇年代以降の日本の知的・文化状況の間に大きな断絶があることを意識せざるをえない。とはいえ、哲学・思想史の分野においては、今日にいたっても依然としてフランスやドイツの影響力が強いといえよう。上記の八篇の論文を翻訳論文集の作品として選択したのは、こうした日本のやや複雑なアカデミズムをめぐる状況を踏まえたものである。

ちなみに、第1章のイレート論文は、一八九六年に勃発したフィリピン革命のアメリカ人行政官たちによるその後の位置づけに関する批判的検討であるが、その検討にあたっては、ヘーゲルに関する多くの議論が展開されている。第2章の「知と平定」では、一八九九〜一九〇二年のフィリピン・アメリカ戦争をとおしてフィリピンをアメリカが平定するにあたって行使した戦略と戦術についての論考であり、第3章のアメリカのフィリピン研究に関する批判的論考は、エドワード・サイードのオリエンタリズム批判に呼応するものである。

第4章のラファエル論文は、アメリカ植民地期初期のフィリピンにおけるセンサス（国勢調査）と人種、そしてマニラの大衆劇に関する論文のうち、センサスと人種の部分を訳出した。後半の大衆劇の部分は、扇動的な大衆劇を通してマニラの大衆がセンサスとは異なる形で当時のフィリピン社会のあり方をどのように理解していたのかを描写している。センサスという、いわば植民地権力による押しつけられた人種的序列への対抗言説として大衆劇を対置した興味深い議論である。しかし、フィリピンの大衆劇についてはは日本ではあまり紹介されていないので、日本の読者にとってはやや専門的すぎると判断し割愛した。他方、第5章と第6章は、ポスト構造主義からのフィリピン歴史研究への接近した優れた試みである。第5章はアメリカ植民地期初期のアメリカ人行政官の妻という白人女性の目をとおしてみたフィリピンとフィリピン人についての卓抜な分析であり、第6章は、フィリピン人の目をとおして創られた日本像を分析することによって、フィリピン人の国民性を照射している。

さらに、第7、8章の二本のキブイェン論文は、『挫折した民族』（Quibuyen 1999）の第二章と第一〇章を訳出したもので、アメリカ植民地期初期に構築されたリサール像に対して鋭利かつ批判的議論を展開している。キブイェンの議論は、アントニオ・グラムシの影響を強く受けており、すでに一九六〇年代から日本ではそのイタリア語の原書が翻訳され始め、日本の思想界において広く受容されている。この点は、一九八〇年代にようやくグラムシの翻訳がアメリカで始まった状況とは異にしている。

こうして私は、編者として、あるいはひとりの訳者として、八篇の訳文に目をとおすことになった。しかし、翻訳作業においてもっとも困難な過程は、原文を最初に日本語に直して、いかにその訳文が荒いものであっても、ともかく訳文の第一稿をつくる仕事である。翻訳におけるこの困難な作業に従事する過程において、訳者は、原文を理解しながら同時に訳文を構成するという、ふたつの文化圏の間を往復する「越境的な知的闘争の場」を経験することになった。この過程は、けっして単純なものではない。いうまでもなく、翻訳は、ひとつの言語をもうひとつの言語に置き換える単純作業ではないからである。翻訳とは、オリジナルなテクストが書かれた政治文化的状況とは異なる異質な社会のなかで使用される言語を使って、その社会の政治文化状況のなかで理解できるようなテクストを書きあげることである。

このような作業を行うためには、まず一定の政治文化状況で書かれたオリジナルなテクストをその政治文化状況に照らして理解し、それを翻訳する言語の政治文化状況のなかで再理解し、訳語であるもうひとつの言語でもって新しいテクストを編み直さなければならない。私が翻訳をこのように理解するようになったのは、この論文集の編者としてではなく、ひとりの訳者として二篇の論文を翻訳する過程においてであった。私が訳出した論文は、第3章のイレートのオリエンタリズム批判と第5章のラファエルの植民地フィリピンの家庭的訓化状況であり、第3章のイレートのオリエンタリズム批判を翻訳したのは二〇〇二年の秋だった。

当時、この論考を翻訳していたときに考えをめぐらせたことは、イレートが批判的にとらえていたアメリカの学界における政治学やフィリピン研究の問題ではなく、むしろ、日本における人文・社会科学をめぐる憂慮する状況であった。私は新自由主義的な大学教育と研究のあり方に対して批判的な目を向けざるをえなくなり、このイレート論文を日本語に翻訳しながら、より多くの時間を急変する日本の大学教育や研究の現状について考えることに費やしたのを、今でもよく覚えている。

イレートの論考を翻訳したあと、二〇〇二年末から翌年一月にかけてラファエル論文の翻訳にとりかかった。この論文の翻訳も、イレート論文と同様に難航した。しかし、この二人の優れた歴史学者の論述方法には大きな差異があった。イレートが、現代と過去との間の緊張した対話を軸に歴史文書を読み、類まれな感性のもとで、その解読に必要な限り哲学・思想史の諸理論を援用する学者であるとすると、ラファエルは、その秀でた理論的能力を武器として、歴史研究のなかにポスト構造主義理論の究極的なまでの導入を試みてきた気鋭の研究者である。したがって、ラファエル論文を翻訳するためには、その研ぎ澄まされた理論的思考様式と計算された論述方法を解読することが重要となる。私が訳出した第5章は、アメリカ植民地期初期にアメリカ人植民地行政官の妻としてフィリピンで生活した白人女性たちの家庭内での経験や彼女たちとフィリピン人召使との植民地的に屈折した関係を描き出した作品である。

奇妙なことにラファエル論文を訳出していたとき、私がもっとも気にかけたことは、自分自身の「家庭内」のことだった。ここでいう「家庭内」のこととは、もちろん家事についてではなく、夫の職場に関わることである。結婚以来、私がインドネシア研究者である夫の仕事に関わることはなく、お互いに独立した研究者としてそれぞれ学究の道を歩んできた。しかし、ラファエル論文を翻訳していたとき、ちょうど夫の職場が国立大学の法人化で揺れ動いていたために、そうしたことが「家庭内」のこととしてことさら気になっていたのであろう。

この意味で、イレート論文とラファエル論文を訳出していた時期が期せずして二〇〇二年秋から〇三年初めだったため、訳文を構成するにあたって、日本のアカデミズムをめぐる政治文化状況として新自由主義的な大学教育と研究のあり方について憂慮することになった。当時、小泉政権のもとで一層進んだ日本社会のアメリカ化をまえにして、ひとりの編者として、私がこの論文集に込めた当時の想いとは、今にしてみると次のようなものだったようだ。「日本の読者がここに書かれているフィリピン歴史研究を彼らフィリピン人の歴史として読むのでなく、私たち日本人の歴史として読んでいただきたい。なぜなら、日本もフィリピンと同じように第二次世界大戦後アメリカの影のもとでその歴史を刻んできたのだから」、と。

二　『キリスト受難詩と革命』を翻訳する

他方、イレート著『キリスト受難詩と革命』の翻訳チームの一員として翻訳原稿の監修の仕事を開始したのは、『フィリピン歴史研究と植民地言説』の最終校正が終了してから、わずか二、三週間後の二〇〇四年八月後半のことだった。いま思えば、じつに苛酷なスケジュールであった。

そうした状況のなかで、まず痛感したことは、『キリスト受難詩と革命』の翻訳が『フィリピン歴史研究と植民地言説』の翻訳よりはるかに難しいということだった。『キリスト受難詩と革命』の翻訳の難しさの最大の要因は、何といっても、同書が最初から最後まで「ひとつの物語」として貫徹した優れた第一級の歴史書だということにあった。同書を構成する六章すべての議論がこの著書の複雑な構造のなかで縦横に交錯しており、日本語であれ、ほかの外国語であれ、この著書を翻訳するためには、まずもって『キリスト受難詩と革命』という著書が織り成す構造それ自体を分析し、歴史家イレートの哲学的・思想的背景を理解することが要求された。こうした配慮は、『キリスト受難詩と革命』が一般的に考えられるようなフィリピンに関する歴史書ではなく、むしろ歴史哲学の分野に深く踏み込んだ著書としての性格をもっているゆえに、とりわけ重要な意味をもっていた。したがって、監修作業の最初の段階で直面したことは、当初、『フィリピン歴史研究と植民地言説』と同様の手法によって『キリスト受難詩と革命』の翻訳原稿を校閲しようと試みようしていたが、うまく日本語の文章を構成することができないというもどかしさだった。

すでに述べたように、『フィリピン歴史研究と植民地言説』において私が採用した監修・翻訳手法とは、まず一定の政治文化状況で書かれたオリジナルなテクストをその政治文化状況に照らして理解し、それを日本の政治文化状況のなかで再理解し、日本語でテクストを書くという作業だった。『フィリピン歴史研究と植民地言説』の場合、上記の手法はきわめて有効だった。選択した八篇の論文すべてが一九九〇年代に書かれたものであり、それを今日の日本の政治文化状況のなかに訳文として位置づけるにあたって、原文が執筆された時間軸と今日の日本の政治文化状況の時間軸を同一のものと考え、訳文を書くにあたって、原文が執筆された時間軸から今日の日本の政治文化状況の時間軸への移動は不要だったからである。このため、八篇の論文を翻訳するにあたり考慮した点は、三人の著者がこの論文を書いた一九九〇年代のフィリピンやその他英語圏の政治文化状況を意識しながら、今日の日本の政治文化状況のなかに訳語を投入することだった。

ところが、『キリスト受難詩と革命』の場合、このような手法がまったく通用しなかった。そのわけは、同書が刊行されたのは一九七九年、すなわち四半世紀もまえであり、同書執筆当時、著者イレートを取り巻いていた母国フィリピンの政治文化状況と今日のフィリピンの政治文化状況との間には大きな差異があったということにあった。このため、『キリスト受難詩と革命』におけるイレートの文章を今日の日本の政治文化状況を意識しながら翻訳するためには、二つの異なる時間軸——①著者イレートが同書を執筆した一九七〇年代半ばと②私たちが翻訳作業に従事した二〇〇四年——と、二つの異なる政治文化状況——①フィリピンと②日本——という四つの要素を取り上げ、この四つの要素から成り立つ立体的な構図を翻訳マトリックスとして設定し、そのなかで訳文を編んでゆく複雑かつ錯綜した知的作業が必要なことに気がついたのである。

この私が編み出した翻訳手法のプロセスをここで具体的に述べると、以下のようになろう。まず、訳者のひとりとして、私は、イレートが『キリスト受難詩と革命』を執筆していた一九七〇年代半ばの世界に立ち戻った。しかし、私が再訪を試みたのは、イレートの知的体験した場であるフィリピンやその他英語圏の世界だけではなく、私自身が一九七〇年代半ばに日本で体験し考えたことを自分の記憶から呼び戻すというものだった。こうした翻訳マトリックスを設定することにより、私は、二つの認識論的世界、すなわち、①私の想像のなかでの、イレートが『キリスト受難詩と革命』を執筆していた一九七〇年代半ばのフィリピンやその他英語圏の世界と②私自身が体験した一九七〇年代半ばの日本の現実とを比較し、その二つの世界の間を往復した。そうすることによって、私は日本語の翻訳者として、『キリスト受難詩と革命』を執筆していた一九七〇年代半ばの著者イレートの、いわば日本版同時代人となることになった。

こうした過程のなかで、まず思い出したことは、大学学部時代に私が哲学・思想史に強い関心を抱き、マルクスの近代国家観をテーマに卒論を書いたことだった。さらに翻訳草稿の文章ひとつずつに丁寧に目をとおしながら、監修作業を進めていくなかで再訪したのは、私自身がフィリピン研究を志し、修士論文をまとめ、さらに一九八〇年代半ばに学位論文となった最初の著書を執筆する過程だった。このような翻訳の旅路をたどったことは、今思えばきわめて不思議なことである。しかし、『キリスト受難詩と革命』の訳者のひとりとなるには、私が研究者になるまでの長い心の旅を再訪することを要求されたことになる。別の見方をすれば、こうした事実こそ、『キリスト受難詩と革命』がフィリピン歴史研究の書であると同時に、ひとつの歴史哲学の書であることを物語っているように思われる。

いうまでもなく、このようなかたちで『キリスト受難詩と革命』の翻訳手法を私なりに体系化するにあたっては、多くの障害と苦悩を伴った。一時期、監修の仕事から手を引こうとさえ考えたこともあった。しかし、ようやく校閲の仕事が第3章まで進んだところで、上記のような『キリスト受難詩と革命』の翻訳手法を見出し、それとほぼ同時にこの著書の構造をようやく分析することができた。それでは、私がみた『キリスト受難詩と革命』の構造とはどういうものだったのだろうか。詳しくはすでに翻訳書の「解題」で述べているので（永野　二〇〇五）、ここではその骨格のみを要約したい。

『キリスト受難詩と革命』は、それまでの歴史研究とは異なり、フィリピン農村社会の一般民衆の意味世界の枠組みにもとづいて、一九世紀半ばから二〇世紀初頭におけるフィリピン民衆運動を理解するという視座を提示している。そして彼ら民衆の意味世界が、スペインとアメリカの二つの植民地支配に対する抵抗運動をどのように特徴づけ、またそのことによって、反植民地運動がどのように展開するにいたったのかを浮き彫りにしたものである。この意味で、同書は、壮大なスケールのもとに、文字通り一筆書きで描き上げた「近現代フィリピンにおける植民地支配に対する民衆の抵抗思想と行動」についての一大叙事詩である。

この一大叙事詩としての『キリスト受難詩と革命』の骨格をなす枠組みは、パション（pasyon）、つまりキリスト受難詩である。キリスト受難詩――キリストの人生、その死と復活についてフィリピン民衆の間で伝承されてきた物語――に内在する文化的枠組みは、同書の第1章から第6章にいたるまでその中心に位置づけられ、繊細で時にもの悲しく、しかしなお力強く美しい調べを奏で続けている。それがパションであれ、讃歌《ダリット》であれ、詩歌《アウィット》であれ、恋歌《クンディマン》であれ、さまざまなかたちでデフォルメされながらも、フィリピン各地（主としてタガログ語圏）の農村地域の民衆の心のかたちの鏡として描かれ、そうした鏡に照らしてみると、一見、狂信的、もしくはたんなるヒステリックな行動に見える民衆の反乱や活動は、彼ら自身の意味世界のなかではじつに理にかなった、「合理的」な行動として理解することができる。東南アジア研究では、従来こうした民衆の反乱の性格が、「狂信的行為」、「土着主義運動」、あるいは「千年王国運動」という概念枠組みで理解されてきたが、イレートはこうした説明概念はむしろ民衆の反乱についての私たちの理解を助けるというよりは、むしろそれを遠ざけるものであると主張する。

上記の問題設定のもとに、『キリスト受難詩と革命』では、一九世紀半ば以降におけるスペイン植民地時代末期、フィリピン革命期（一八九六～一九〇二）、そして一九一〇年までのアメリカ植民地時代初期における代表的な民衆運動が取り上げられている。第1章で同書全体における研究視座が明示されたあと、第2章ではアポリナリオ・デ・ラ・クルスの聖ヨセフ兄弟会《コフラディア・デ・サンホセ》、そして第3章ではアンドレス・ボニファシオが創設した革命結社カティプーナンの特徴が描写される。ついで第4章では革命結社カティプーナンの組織的瓦解と民衆の間でのその精神の持続過程が議論され、第5章ではマカリオ・サカイの新カティプーナンの、また第6章ではフェリペ・サルバドールの聖教会《サンタ・イグレシア》の活動について刊行・未刊行史料をふんだんに駆使した考察が与えられている。

このような内容をもつ『キリスト受難詩と革命』では、興味深いことに、個々の章がひとつ、もしくは複数の基本概念や基本的主題設定のもとに描かれながら、各章がほぼ同一のパターンでもって構成されている。

「第1章　底辺の歴史に向けて」に立ち現れる基本概念は、「お守り《アンティン―アンティン》」(anting-anting)、すなわち、魔よけ、あるいは超人的な力を獲得するものである。フィリピンの民衆宗教としてのカトリシズムのなかで、お守り《アンティン―アンティン》はきわめて重要な役割を果たしている。「第2章　光と兄弟愛」の基本概念は、「内心《ロオブ》」(loob)と「共感《ダマイ》」(damay)、そして「行脚《ラカラン》」(lakaran)である。内心《ロオブ》とは、人間の心の内側あるいは内面を意味し、とりわけ民衆運動の担い手となった兄弟会において、人々の心のなかの真の変革が重視されたことから、民衆運動に関わる人々の内的変化を理解するうえの基本概念として位置づけられている。他方、共感《ダマイ》とは、今日では、他人の不幸に同情し哀悼の意を表わす意味で用いられるが、古くは「他人への奉仕に参与すること」を意味する言葉であった。これに対して、行脚《ラカラン》は、いわゆる巡礼を意味する言葉である。兄弟会のなかでは行脚《ラカラン》は、人々が出会い語り合いながら仲間となるという革命運動への萌芽的過程に関わる身体運動としての意味をもっていた。「第3章　伝統と反乱——革命結社カティプーナン」における基本概念は、「カラヤアン」(kalayaan)、すなわち「自由」あるいは「独立」である。

　こうして『キリスト受難詩と革命』では、第1章から第3章まででその基本概念が出揃うことになる。そして「内心《ロオブ》」、「共感《ダマイ》」、「自由《カラヤアン》」の三つの概念を柱としてタガログ語圏の人々の意識のなかの「光明《リワナグ》」が近代の「光と闇」の対立概念の物語のなかで定式化され、その意識構造とパラレルなかたちの身体運動の展開として「行脚《ラカラン》」を位置づけ、そうした心と身体の動きを災いから守る存在として「お守り《アンティン―アンティン》」が重要な意味をもつ。さらに第4章から第6章へと読み進めると、これらの三つの章では、第1～3章で議論された、タガログ語圏の人々の意識構造とその行動様式の特徴が、フィリピン革命のダイナミズムのなかでどのように展開したのかについて、上記五つの基本概念の交錯として描かれ、そのうえで各章ごとの基本主題が設定されていることがわかる。

たとえば、「第4章　共和国と一八九六年の精神」の基本主題は、「詩歌《アウィット》のもとにともに集おう」である。フィリピン・アメリカ戦争が勃発し、エリート層が革命運動の戦列から脱落するなかで、革命結社カティプーナンの精神を持続される民衆の試みが詩歌《アウィット》を通して描写されている。「第5章　自由への道、一九〇一～一九一〇年」では、エリート層主導型の革命が崩壊するなかで、民衆による革命運動の持続が、マカリオ・サカイを指導者とする運動について考察されており、その主題は、「抵抗運動の慣用語法《イディオム》」、すなわちサカイの運動の意味世界の解明である。「第6章　フェリペ・サルバドールのパション」は、一八九〇年代半ばから一九一〇年頃まで中部ルソン諸州を基盤として活動した、フェリペ・サルバドールの聖教会《サンタ・イグレシア》の活動についての詳細な分析である。その基本主題は、従来、アメリカ側の史料にもとづいて描かれてきたフェリペ・サルバドールとその聖教会《サンタ・イグレシア》の活動を、サルバドール自身の自伝を分析することによって覆し、従来のサルバドール像と聖教会《サンタ・イグレシア》の意味世界を完全に刷新することであった。

加えて、同書の構成に関するもうひとつの特徴は、同書における研究の視座についての議論が展開された第1章を除いて、第2章から第6章までの各章が以下のような三つの部分によって構成されていることである。その三つの部分とは、章によって若干の違いはあるものの、はじめのおよそ三分の一が歴史叙述、つぎのおよそ三分の一が「内心《ロオブ》」、「共感《ダマイ》」、「自由《カラヤアン》」など人間の心のかたちとその動きを、パション、詩歌《アウィット》、恋歌《クンディマン》、物語《コリド》などの分析によって明らかにした部分であり、そして最後の三分の一は、人間の実際の行動として民衆運動の展開が「行脚《ラカラン》」を基本主題として議論されている部分である。こうしたことからも、『キリスト受難詩と革命』が、きわめて強靭な構想力と深遠な哲学的思索にもとづいて構成された歴史書であることが確認されよう。

なお、『キリスト受難詩と革命』の三つの基本概念である「内心《ロオブ》」、「共感《ダマイ》」、「自由《カラヤアン》」は、一九七〇年代にフィリピンの社会科学を席巻していた行動科学理論や人類学と政治学における恩顧《パトロン》・庇護《クライアント》的関係についての議論への対抗概念であるように思われる。こうしてみると、この基本概念を析出するにあたり、イレートは、マーティン・ブーバーの人間関係や共同体論に関わる哲学の影響を受けているようであり、他方、フィリピン（とりわけタガログ語圏）の一般民衆を彼らの意識構造とその行動様式に照らしてダイナミックに理解する手法は、メルロ＝ポンティの現象学にも相通じるものがあろう。さらに、同書のなかで繰り返し登場する「十字架の道行き」は、人類学者のヴィクター・ターナーが「ルート・パラダイム」や「コムニタス」の概念を用いて、キリスト教の巡礼実践を対象化したことで知られており（ターナー　一九八一）、イレートへの影響を窺うことができる。

さらに、『キリスト受難詩と革命』を通してイレートがたどったもうひとつの思想的回路として、「底辺からの歴史」という概念を使って、フィリピン史研究の重鎮アゴンシリョによる『大衆の反乱――ボニファシオとカティプーナンの物語』（Agoncillo 1956）を乗り越えたことに注目したい。『キリスト受難詩と革命』の第1章の表題は「底辺からの歴史に向けて Toward a History from Below」である。この「底辺からの歴史」という歴史の方法論を示す概念は、『イングランド労働者階級の形成』（トムソン　二〇〇三）の著者E・P・トムソンが主張した「下からの歴史」に酷似している。しかし、近年になってイレートみずからが語ったように、『キリスト受難詩と革命』の執筆当時、トムソンの概念をまったく知らず、彼が「底辺からの歴史」という概念を構想するにあたってヒントを得たのはアゴンシリョの著作であった（永野　二〇〇五：五〇三～

五〇四)。まさに、西欧哲学や西欧の社会科学を武器としながら、「アメリカ流の学問」との葛藤をとおしてアゴンシリョを乗り越えた、独創的なイレート歴史哲学のダイナミックな構築過程をここにみることができよう。

最後に、イレートが『キリスト受難詩と革命』を執筆するにあたって影響を受けたと思われるその他の著作群として、膨大なフィリピン史に関する研究書をはじめ、アナール学派のマルク・ブロックの『歴史のための弁明』(Block 1953)、E・サーキスヤンス『ビルマ革命の仏教的背景』(Sarkisyanz 1965)、ベネディクト・アンダーソンの論文「ジャワ文化における権力観」(Anderson 1972)、エーリッヒ・アウエルバッハの古典的名著『ミメーシス――ヨーロッパ文学における現実描写』(Auerbach 1953)、そしてマルクスの『フランスの内乱』(マルクス 一九五二)などを挙げておく。

むすび

この小論では、これまでのフィリピン歴史研究に関する翻訳の動向を踏まえながら、近年、私自身が関与した二つの翻訳作業の経験から翻訳とは何かについての議論を試みてきた。その結果、翻訳とは、二つの異なる政治文化圏を横断する知的行為であり、その知的行為によって、ある言語で書かれた文献を別の言語が依拠する政治文化圏のなかに投入してその一部として機能することができるように、その政治文化圏のなかで使用されている言語に置き換える作業であることが、ある程度明らかになったように思う。翻訳する文献が同時代に書かれたものであれば、翻訳作業の過程で私たちは時間軸の変更設定を行う必要はない。しかし、翻訳する文献が数十年まえに書かれたものである場合、訳者の認識論的世界において時間軸の設定が要求され、原著者が翻訳文献を執筆した当時の認識論的世界と複雑な対峙構造を創り出すことになる。

もっとも、上記の私の経験は外国人の著作に関わる翻訳から得たものである。同じ日本人の著作を日本語から英語に、あるいは英語その他の外国語から日本語に翻訳する場合にも、このような認識論的旋回が介入するのだろうか。翻訳とは、じつに困難ではあるが、やりがいのある知的作業である。そして酒井直樹がいみじくも述べているように、翻訳とはひとつの政治的・倫理的行為である（酒井 一九九七：七）。どのような論文・著書を翻訳の対象として選択するかの行為のなかに、すでに訳者の政治文化的志向が反映されていることはいうまでもない。なぜなら翻訳する文献に対して大きな学術的意味を感じることがなければ、あるいは名状しがたい好奇心をかきたてられるようなことがなければ、翻訳という行為に伴う過酷な知的作業を遂行することはできないからである。つまるところ、私たちが翻訳するエネルギーの源泉は、まさにここにあるように思われる。

注

(1) イレート、ラファエル、キブイェンの研究歴と研究活動の詳細については、（永野 二〇〇四）を参照。

(2) この点については、本書に収録した「座談会　9・11から未来社会」の「八〇年代という空白の時代」でも触れられている。

参考文献

Agoncillo, Teodoro, A.（1956）*The Revolt of the Masses: The Story of Bonifacio and the Katipunan*, Quezon City: University of the Philippines（reprint 1996）.

Anderson, Benedict R. O'G（1972）“The Idea of Power in Javanese Culture,” In *Culture and Politics in Indonesia*, ed. by Claire Holt, Benedict R. O'G Anderson and James Siegel, Ithaca: Cornel University Press（ベネディクト・アンダーソン「第1章 ジャワ文化における権力観」『言葉と権力――インドネシアの政治文化探求』中島成久訳、日本エディタースクール出版部、一九九五年）.

Aurebach, Erich（1953）*Mimesis: The Representations of Reality in Western Literature*, Princeton, New Jersey: Princeton University Press（エーリッヒ・アウレルバッハ『ミメーシス――ヨーロッパ文学における現実描写』（上・下）、篠田一士・川村二郎訳、ちくま学芸文庫、一九九四年）.

Block, Marc（1953）*The Historian's Craft*, New York: Vintage Books（マルク・ブロック著、松村 剛訳『新版・歴史のための弁明――歴史家の仕事』岩波書店、二〇〇四年）.

Ileto, Reynaldo Clemeña（1979）*Pasyon and Revolution: Popular Movements in the Philippines, 1840-1901*, Quezon City: Ateneo de Manila University（レイナルド・C・イレート『キリスト受難詩と革命――一八四〇～一九一〇年のフィリピン民衆運動』清水 展・永野善子監修、川田牧人・宮脇聡史・高野邦夫訳、法政大学出版局、二〇〇五年）.

Ileto, Reynaldo C.（1999）*Knowing America's Colony: A Hundred Years from the Philippine War*, Center for Philippine Studies, University of Hawai'i at Manoa.

Quibuyen, Floro C.（1999）*A Nation Aborted: Rizal, American Hegemony, and the Philippine Nationalism*,

Quezon City: Ateneo de Manila University Press.

Rafael, Vicente L. (1988) *Contracting Colonialism: Translation and Christian Conversion in Tagalog Society under Early Spanish Rule*, Ithaca: Cornell University Press.

Rafael, Vicente L. (2000) *White Love and Other Events in Filipino History*, Durham, N.C.: Duke University Press.

Sarkisyanz, E. (1965) *Buddhist Backgrounds of the Burmese Revolution*, The Hague: M. Nijhoff.

アゴンシリョ、テオドロ・A（一九九一）『運命の歳月——フィリピンにおける日本の冒険　一九四一～一九四五』二村健訳、井村文化事業社。

アゴンシルリョ、テオドロ・A（一九七七）『フィリピン史物語——政治・社会・文化小史』岩崎玄訳、井村文化事業社。

イレート、レイナルド・C、ビセンテ・L・ラファエル、フロロ・C・キブイェン（二〇〇四）『フィリピン歴史研究と植民地言説』永野善子編・監訳、めこん。

キリノ、カルロス（一九九〇）『暁よ紅に——わが血もて染めよ　フィリピン独立運動の悲運のヒーロー　ホセ・リサール』駐文館訳、駐文館。

コンスタンティーノ、レナト（一九七七）『フィリピン・ナショナリズム論』（上・下）、鶴見良行監訳、井村文化事業社。

コンスタンティーノ、レナト（一九七八）『フィリピン民衆の歴史——往時再訪』（一・二）、池端雪浦・永野善子、鶴見良行ほか訳、井村文化事業社。

コンスタンティーノ、レナト、レティシア・R・コンスタンティーノ（一九七九～八〇）『フィリピン民衆の歴史——ひき続く過去』（三・四巻）、鶴見良行ほか訳、井村文化事業社。

サイデ、グレゴリオ・F（一九七三）『フィリピンの歴史』松橋達良訳、時事通信社。

酒井直樹（一九九七）『日本思想という問題——翻訳と主体』岩波書店。

スタインバーグ、デイビッド・ジョエル（二〇〇〇）『フィリピンの歴史・文化・社会——単一にして多様な国家』堀　芳枝・辰巳頼子・石井正子訳、明石書店。

ゾリヴェン、ベラジア・V（二〇〇七）『スータンを縫いながら——日本占領期を生きたフィリピン女性の回想』

後藤 優訳、段々社。

ターナー、ヴィクター（一九八一）『象徴と社会』梶原景昭訳、紀伊國屋書店。

トムソン、E・P（二〇〇三）『イングランド労働者階級の形成』市橋秀夫・芳賀健一訳、青弓社。

永野善子（二〇〇四）「解説」（『フィリピン歴史研究と植民地言説』めこん）。

永野善子（二〇〇五）「解題」（『キリスト受難詩と革命』法政大学出版局）。

ヘンソン、マリア・ロサ（一九九五）『ある日本軍「慰安婦」の回想――フィリピンの現代史を生きて』藤目ゆき訳、岩波書店。

ホアキン、ニック（一九八六）『アキノ家三代――フィリピン民族主義の系譜』（上・下）鈴木静夫訳、井村文化事業社。

ホアキン、ニック（二〇〇五）『物語 マニラの歴史』宮本靖介・澤田公伸・橋本信彦訳、明石書店。

ボコボ・オリバー、セリア（二〇〇二）『フィリピンの貴重な遺産ホルヘ・ボコボ伝――精神の貴族』鈴木邦子訳、彩流社。

ホルス、テス・ウリザ（二〇〇五）『象がおどるとき』（上・下）小島希里、太田出版。

マルクス、カール（一九五二）『フランスの内乱』木下半治訳、岩波文庫。

モルガ（一九六六）『フィリピン諸島誌』神吉敬三・箭内健次訳、岩波書店。

リサール、ホセ（一九七八）『ノリ・メ・タンヘレ――わが祖国に捧げる』岩崎玄訳、井村文化事業社。

リサール、ホセ（一九七九）『反逆・暴力・革命――エル・フィリブステリスモ』岩崎玄訳、井村文化事業社。

ワーフェル、ディビッド（一九九七）『現代フィリピンの政治と社会――マルコス戒厳令体制を超えて』大野拓司訳、明石書店。

〈座談会〉

9・11から未来社会へ――「失われた一〇年」と日本社会

（政治思想）岩崎　稔[1]

（文化社会学）吉見俊哉[2]

（フィリピン近現代史）永野善子

二〇〇一年一〇月九日収録

9・11以前と以後

永野　いま最も気になっていることは、九月一一日にニューヨークの世界貿易センターとワシントンのペンタゴンを爆破した、アメリカの同時多発テロです。私は、学会出張のため一〇日間ほどロンドンにおりましたが、この事件が起きた九月一一日はちょうど日本に帰る日で、ロンドンのヒースロー空港にいたのです。

ロンドンの空港では日本の空港のようにテレビがありませんから、何も知らないまま全日空に一〇時間以上乗って成田に着きました。帰宅のため中央線に乗ったとき、前の座席に座っている方が読んでいるスポーツ新聞の、「ニューヨークで一万人ぐらい死亡！」という見出しを見て、これは嘘ではないかと思いました。日本へ帰ってきて事件を知ったので、大変ショックでした。

実際、どこでこの同時多発テロを経験したかによって、この事件に対する認識もずいぶん違うと思うのです。いまの時代を考えるとき、この事件が一体どういう意味を持つのか、そして、この同時多発テロが起きたことによって、九月一一日以前とそれ以後の世界が大きく分断されてしまったのか否か、またこれは、九月一一日以前に考えていた私たちの一年後、二年後、あるいは将来の展望を根底から覆すような大事件なのかどうかということに関心がわいてきます。九月一一日をどこで、またどういう形でご体験なさったかを具体的にお話しいただきながら、この問題についてのご意見をお聞きしたいと思います。

集合的記憶とメディア

岩崎　どこで「体験」したのかということになりますと、私の場合は典型的にお茶の間のテレビで見たという形ですから、ドラマチックな出会いはなかったのですが、非常に衝撃的であったということは同じです。

確かに、九月一一日以前と以後とで世界が変わってしまった人はたくさんいるでしょう。個人史としてこの事件に巻き込まれた人以外にも、世界認識の問題として、事件以後大きく変わったと感じている人がものすごくたくさんいると思います。

そもそも高層ビル群というのは、マンハッタンであろうが西新宿であろうがどれも似たような感じです。資本の増殖への衝動がもはや地上には行き場がないんだといわんばかりに屹立していました。ところが、高層ビルの姿を、九月一一日以降の私たちは、それ自体として眺めることができなくなってしまった。今は、高層ビルを見ていると、必ず幻視として、幻として、そこに飛行機が突っ込んでいく光景が見えてしまう。お二人はそんなことはありませんか。そのくらいメディアによって反復して二機の飛行機が突っ込んでいく映像、それから崩落していくワールド・トレードセンタービルの映像を見せられて、一つの集合的な記憶として私たちのなかに刷り込まれてきていると思うのです。（中略）

ただし、こだわるようですが、私は、「同時多発テロ」というい方は極力避けるようにしています。もちろんテロだと思いますけれども、ただ、突然行われた一方的なテロとしか呼ばない言説から自分を差異化することを少し考えたいと思っているものですから。

この事件が、ある種の終末論的な感じを与えており、それ以後世界が変わってしまったということが一方ではあると思うのですが、これまでずっと蓄積されてきた問題が一気にそこに出てきたという側面も間違いなくある。誰がやったかということは完全には特定できないにしても、ワールド・トレードセンタービルが攻撃されるのは今回で二度目です。一連の行為がずっと起きてきていた。それだけではなくて、グローバリゼーションのなかで圧倒的に一人勝ちしているアメリカに対して、ものすごい憎悪の負荷がこれまでかかってきていて、それが一気に吹き出したということは、否定できません。考えようによったら、コソヴォ問題におけるＮＡＴＯの「人道的介入」でもそうですが、セルビアの施設に向かって、精密誘導兵器を飛ばして、それが当たってバーンと爆発するという状況を、セルビアの人たちは毎日繰り返し経験していたわけです。実際、そのいくつかは放送局や中国大使館にまで当たった。湾岸戦争のときでも人間が住んでいる兵舎が特定され、そこに照準が合わされ、爆弾が当たってバーンと吹っ飛ぶ映像を見てきたわけです。

ワールド・トレードセンタービルみたいに大きなものではなかったとしても、似たり寄ったりのものが、命中して崩落するということを見てきている。だから、初めてのことであるはずがないのに、あれが初めてであるというように反復して語られている。日本のメディアも同じです。むしろ、あれを初めてだというふうにいってしまうことの感性を考えなければいけないと思います。

吉見　私自身は、ちょうど、永野さんが帰られる前日までロンドンにいました。ですから、帰ってきた日の夜、妻に叩き起こされてテレビを見たので、一日の違いでずいぶん、永野さんの経験とは違う形ですね。経験としては岩崎さんと同じくお茶の間で見たということになるかと思います。

今回の事件からとりあえずいえることは幾つかあると思うのですが、その一つは、もうさんざんいわれていることではありますが、やはり国家の戦争がもう成り立たなくなってきている。つまり、一八世紀から一九世紀にかけて、国民国家の成立とともに定義されていく国家間の戦争という概念、それはもう総力戦体制のなかでも変質していたわけですが、しかしなお国家の戦争であったのが、それがもうそもそも成り立たない、戦争ということがもう不可能になっているような状況、それが露呈していった。それにもかかわらず、いまのアメリカ、あるいはそれに追随している日本が向かっている方向というのは、必死になって再び戦争というラベルを貼って、今日の状況についての理解を国家の戦争の概念に引き戻そうとしているように見えます。だから、過剰なまでにアメリカのナショナリズム、それからそれに対抗するイスラム原理主義という、かなり二元論的な価値観というのが強調されているわけです。しかし、実際に進行しているのは、旧来的な意味での「戦争」ではまったくない。むしろ、世界的にどんどん「軍事＝国際」と「警察＝国内」の区別がつきにくくなっているなかで、かつての戦争とも地域紛争とも異なる形でシステムの極限的な状況が経験されるようになってきている。

それともう一つ、ここで確認しておきたいことは、いま岩崎さんがお話しになられたように、今回の出来事が最初から徹底して、メディアの中で起きているという点です。いうまでもなく、ワールド・トレードセンターとペンタゴンを狙うということは、それがCNNなり世界のメディアのなかで、どういうふうに映されるかということを最初から計算した上での襲撃であるわけです。なぜ、犯行があの朝の時間だったのか。なぜ、二つの飛行機はあの時間差で突っ込んでいったのか。結果的には、すべてがテレビニュースに最も都合がいいような仕方で「悲劇」が起きていきました。最初から、徹頭徹尾、メディアの世界がまずあって、そのなかで事件が起きているという構造なのだと思います。

その後のブッシュによる報復というのも、ある意味では最初にテロリストによって設定されたシナリオをずっとなぞっていっているようなところがあって、最初から現時点まで、メディアのなかで起きているできごとという部分がかなりあるわけです。それにもかかわらず、そこで消されていくものというか、消去されていっているものは何かということをわれわれはやっぱり考えなくてはならない。

そうすると、三番目に、もう一つ、このなかで考えるべきこと、あとの議論につながってくるかと思いますけれども、たとえばそれはアフガンの人々にとって、あるいは中東の人々にとって、あるいはアジアのフィリピンの人々にとってでもいいのですが、アメリカがどう見えているのかというような問題を、メディアはもっときちんと語るべきだし、われわれも考えていくべきです。岩崎さんの話のなかにもあったように、八〇年代以降、特に九〇年代に入ってから、アメリカの圧倒的な優位のなかで、世界的に貧困なり貧富の差なり、あるいは抑圧的な状況が、かえって深刻化しているところがたくさんあるわけです。そういう絶望的な状況のなかでアメリカがどういう存在であるのか。それぞれの世界のさまざまなローカルな生活の場から、アメリカがどう問われているのかという問題がある。単純に、これはグローバリズム対テロということではまったくないわけですね。

そうしたアメリカに対して憎悪を向けることでしか救

いがないというような状況を、私たちはどう考えていくことができるのかという問いは、残されたままなのだと思うのです。これらはいずれも、二〇〇一年九月一一日に突然生まれたものというよりも、一九九〇年代、あるいは八〇年代の終わりぐらいから、ポスト冷戦期を通じて深まってきた状況でしょう。

グローバリゼーションとアメリカ

永野　いまの論点をまとめると、一つは、国家と戦争という問題、とくに戦争の形態が変わりつつあるのかどうか、そしてそれは二〇世紀を通じて変わってきたのかが問題になると思います。英語では、今度の同時多発テロのことを「WTCアタック」といっています。アメリカ人が誇っていた世界貿易センター（WTC）、ニューヨークの一番目立つところに立っていた建物が破壊されたということを、WTCアタックという言葉は象徴しています。ですから、日本語で「同時多発テロ」と聞くと、ちょっと何が何だかわからないという感じがする。フィリピン人の友人とeメールで交信しても、「WTCアタック」と書いてきます。

もう一つは、私たちは、メディアを通してそういうものを見ているわけですから、メディアの役割というものが挙げられます。日本のメディア、あるいは他の国のメディアがどう機能しているかという問題ですね。

今度の九月一一日の事件は、九〇年代にだれの目にも明らかになった、アメリカが先導しているグローバリゼーションによって、貧富の格差が、とくに第三世界で広がってしまったことを背景としているといえるでしょう。それから先進国のなかのいろいろな政治経済的なバランスも、二、三年前には考えられなかったくらい大きく変わってきています。今回の事件はそういう大きな変動の時代に起きた一つの事件であり、事件自体は新しいものかもしれないけれども、非常に古いもの、あるいはごく最近でいえば九〇年から始まったものの一つの現出形態だととらえることができるのではないでしょうか。

そうだとすると、今回の同時多発テロを念頭に置きながら、過去をどう見ながら、あるいは二〇世紀をどう振り返りながら、私たちはこれからどういう社会を作っていったらいいのかということが問題になってくる。私は日本で生まれて日本で育って日本で教育を受けて、二〇年ぐらいフィリピンのことに関心を持ってきた人間ですけれども、そういう立場から今度の問題を見たときに、非常にショッキングだったのは、まず真珠湾攻撃と比較されたということです。戦後生まれの私にとって真珠湾攻撃というのは、歴史の産物であって、単に戦争だと理解していました。けれども、今回の事件で何が見えてきたかというと、私は日本人であるから、たぶんアメリカ人が感じているWTCアタックとまったく違ったイメージを持ったと思うのです。真珠湾攻撃と比較されたということで、ちょっとムカムカとしたのですが、アメリカは、真珠湾攻撃以前は一八一四年にイギリスが侵略した以外は攻撃されなかった。それゆえに、非常にヒステリックな反応が出てきた。と同時に、広島と長崎の原爆の問題につながったのです。広島・長崎の原爆というのは、もう落とさなくても日本は戦争をやめるということがはっきりしていながら、国際関係上は、アメリカが冷戦後のソ連に対して絶対的な優位を保つために原爆を落としたとされている。国際政治上や国際関係上、これは、理路整然とした説明ですけれども、どうもそうではないというのが今度わかったのです。(中略)

戦争と記憶

吉見　いまのお話と関連して、非常にねじれているのは、アメリカのかなり保守的なナショナリズム言説のなかで、今回の事件を日本の真珠湾攻撃と比較することで、反日という要素と、反アフガンという面を重ねるわけですね。日本との戦争の記憶をラディンやタリバンとの戦いのイメージと重ねていくわけです。それに対して、日本の保守的な層というのは、そのままこうした構図を有するアメリカのナショナリズムに追随していくという構造がある。

ナショナリスト的な主張をしようといっているわけではまったくないのですけれども、ただ、そのことに一つ含まれているのは、日本においてはずっと、戦争の記憶の問題、それは侵略の記憶や、慰安婦の問題や、いろいろなことと話が重なってくるかと思いますけれども、それらがずっと隠蔽され、アメリカのまなざしを通じて戦後のナショナルな記憶が作られてきたわけです。

岩崎　それはとても大事な問題です。私も戦術核兵器を使うのではないかと危惧しています。アメリカは湾岸戦争以後もずっと軍の合理化をやってきたのですが、それは、兵器の精密化、情報化に伴って、軍の機構そのものまでも全面的に組み立て直すということです。そのなかで、核抑止力の均衡によって核は使用されないということが前提になっていた時代と違って、実際に戦術核を使ってもなおかつ戦争は可能だという発想が成長しはじめている。ラムズフェルド国防長官が「戦術核の使用についても排除しない」といっているのは、脅しではなくて、実際に考えているのでしょう。それがどういう形になっていくのかというのはまだわからないけれども、深刻に懸念すべきことです。

いま吉見さんがおっしゃった問題、つまり、九月一一日以後のアメリカと日本の動き、それに、かつての戦争の記憶ということがどうかかわってくるのかという問題ですが、これも重要なことですね。近年、記憶の問題で焦点となってきたのはナショナリズムの問題、ナショナリズムの記憶です。ナショナリズムはナショナルな記憶をcommemorate(顕彰・記念)すると同時に、

commemorateできないような記憶に関しては隠蔽する。前号の座談会にいらっしゃった野田正彰さんのいい方によれば、[3]まさに端的に否認するわけです。野田さんはここが日本の場合とヨーロッパの場合とで根本的に違うことだというような整理をされています。そういうふうに文化的に特殊化できるかどうかは疑問なんですが、ともあれそれがずっと九〇年代に大きな争点になってきました。

ただ、たとえば「新しい歴史教科書をつくる会」のことを例にとっても、「つくる会」は今回の事態にどういうふうに反応するかというと、たぶん、完全に分裂すると思います。「つくる会」の人たちは、小林よしのりを除いて、今回あまり発言していない。というのは、一方でワールド・トレードセンターに突っ込んだあの行為は、アメリカのグローバリゼーション、一人勝ちするアメリカに対するアンチテーゼであるというふうに彼らはいうでしょう。それから、マテリアルには戦いの条件を与えられていないなかで、特攻攻撃をした、スイサイド・アタックをしたと見れば、完全に彼らが「つくる会」の教科書のなかで賛美していた特攻隊の心情と重なるわけです。その意味では肯定しなくちゃならない。しかし、他方で、今回の事態を通じて、テロを行った敵を誇大に描き出して、湾岸戦争シンドロームなるものを解消する絶好の機会としてどんどん出ていくわけですね。小沢一郎が、自分は湾岸戦争のときにあんなに苦労したのに、いまはこんなにいい加減に動いている、なんで政府と国民はこんなにいいかげんなんだというふうにいっているわけですが、たしかにいいかげんな形で超憲法状況になってしまっています。

「つくる会」にしても、いまの政府にしても、完全に分裂している。一方ではナショナルな報復的心理とともに自爆攻撃について、それを賞揚せざるを得ないはずなのに、他方で、この機会を通じて自衛隊を表に出していきたい。その二つの間で分裂している。

だけど、私はこの分裂自体は例外じゃないと思います。それこそまさに、グローバリゼーションのダイナミズムだと思うのです。つまり、グローバリゼーションというのは単線的に脱国民国家的な動きがどんどん進行していくのではなくて、常にナショナルな文法やナショナルな語彙とのキャッチボールというか、やり取りのなかで進行していきます。アメリカでもいま直接に起きていることは非常にナショナルな反動です。端的には星条旗です。星条旗をめぐる言説、星条旗をめぐる身体技法、儀式。星条旗にとりまかれて死者はアメリカの死者になり、人々はアメリカという共同性を確証するパフォーマンスに参加している。

一方でそれを通じて国際的に組織化されていくのは、まさにグローバリゼーションの支配秩序そのものです。それが軍事のレベルでもどんどん進行していく。アメリカがドミナントな一つの同じルールを設定して、そのうえでどれだけ貢献するか、というのがイギリスやドイツやフランス、それから日本の各政府がやっているゲームです。ショー・ザ・フラッグだから、実際に旗が描いてある自衛隊でないとだめだというわけでしょう。直接の現象は、グローバリゼーションとナショナリズムとの共犯性というか、癒着ですね。どういう動態でそれが進行していくものかということを今回はっきり見ることができました。

昨日アフガニスタンへの爆撃が始まりました。グローバリゼーションというのはナショナリズムを使うし、そこでナショナリズムの制度は大いに賞揚されるのだ、そうされることによって、むしろグローバリゼーションが確実に進展していくのだということを、今回、アメリカに関しても日本に関しても、そして、おそらく他の地域に関しても見せつけた。これが、この九月一一日以降、戦闘へのそれこそグローバルな軍事動員のなかで起きたことです。

ナショナリズムとグローバリゼーション

吉見　非常に重要なポイントだと思うのですが、それは矛盾しているわけですよね。つまり、「つくる会」的なナショナリズムの主張と、それから、アメリカ中心のグローバルな帝国の支配のなかでワン・オブ・ゼムとしてその一員になっていくという形での、対外的なナショナリズムとの間に矛盾がある。この矛盾は、当事者たちにおいてどういうふうに調停されていくのですか。単純に考えると、「つくる会」的なナショナリズム、あるいは反米的なナショナリズムというのは、現在のシステムを支えているナショナリズムのなかではマイナーな存在で、オフィシャルな言説のなかでは最終的には否定される。そこの矛盾と回収のロジックというのは、まさに岩崎さんのいわれたナショナルな反動を組み込んだグローバリゼーションのロジックであるわけです。

永野　いま、日本を舞台にグローバリゼーション対ナショナリズムの対抗関係や矛盾が議論されたのですけれども、アメリカを見た場合に、アメリカがいうグローバリゼーションと、アメリカが持つナショナリズムというのがありますね。今回、アメリカのナショナリズムというのはこうなのだということが明らかになった。これまで、アメリカがグローバリゼーションというときには、ナショナルのものを否定するのだということを外にいってきたし、それが、インターネットなどの発展とタイアップしながら、ナショナルなものがどんどん消えていくのだという幻想が、九〇年代に闊歩しましたよね。

ところが今度の事件は、アメリカがグローバリゼーションを先導しながら、実はその中核の部分としてナショナルなものを持っている。そうだとすると、日本のナショナリズム対グローバリゼーションのあり方ということをいま岩崎さんが議論されたけれども、アメリカの場合のグローバリゼーション対ナショナリズムの対抗関係と、日本のなかのナショナリズムとグローバリゼーションのせめぎ合いと矛盾というのは基本的に違うのでしょうか。

岩崎　アメリカのナショナリズムの編成の仕方と、日本のナショナリズムの編成の仕方は、ちょっと違う。アメリカの場合には、エスニックなナショナリズムにそのまま一元化するという幻想はもちろん最初からうまく行かないわけですから、アメリカのナショナリティというものを理念として作っていかなければいけない。

日本の場合は、幻想として、ある種のエスニックな類似性というか同一性というか、そういうものをナショナリストたちは強調するやり方をとりますし、それが一定程度受け入れられてしまうことがある。「つくる会」なんかが「国柄と歴史」というときはまさにそういう語り方をしている。

ですから、アメリカは第一次世界大戦以来の戦争に、アメリカのなかのさまざまなコミュニティを動員するときに、多文化主義的なスタンスを取りながら作為性の顕著なナショナリティというのを構築していかなければいけなかった。

日本のナショナリズムの生態は、戦略として、近年では、多文化主義を部分的に色合いとして使うことがあるにしても、やっぱり、それをそのまま使っていくことはまれですね。まだ日本のナショナリズムの主要な形態は、エスニックな一体性幻想というのを放棄できず、アメリカのパターンとは異なっている。

アメリカと日本のナショナリズム

吉見　日本のナショナリズムというのは、二重三重に屈折して成立してきたところがあると思うのです。まず、一九世紀後半からの、いわゆる国民国家の形成期においても、これは西洋の帝国主義なり、西洋のまなざしのなかで、自分たちのある種のエスニックなナショナリティを発見していくわけですね。だから、最初から西洋からの視座構造のなかにあって、しかも、それを表面的に否定するような形で、天皇を中心にしたナショナリズムを想像し、樹立してくるわけです。

ところが、同時に、戦後のナショナリズムの再構築というプロセスでは、これがさらに二重に屈折していって、今度は一九五〇年代後半から六〇年代にかけて、アメリカのまなざしを媒介にして戦後ナショナリズムが再構築されてくる。だから、五〇年代から六〇年代にかけての日本の高度成長、そしてその後のナショナルなアイデンティティ、具体的にはこれはたとえば「経済」であったり、「技術」であったりに仮託されるナショナリズムという形をとるわけですけれども、これらは、この時点でのアメリカ的なグローバリズム、アメリカ的なヘゲモニーのなかで初めて成立する構造ですね。

だから冷戦期の日本のナショナルなアイデンティティというのは、冷戦体制のもとで、アメリカのまなざしに守られたなかでのフィクションだったと思うのですけれども、それが九〇年代以降崩壊してくるなかで、ある種さまようような形でというか、それは単純に復古といっていいとは思いませんけれども、「つくる会」的なネオナショナリズムが出てくるという流れが、二重、三重に屈折してある。

ところがアメリカのナショナリズムというのは、そういう屈折というよりも、何か純化されるというか、非常に大雑把ないい方をすると、ヨーロッパの一九世紀のナショナリズムが背負っていたようなさまざまな屈折した部分というのも消去していって、より純化されたところにアメリカのナショナリズムが成立してくるようなところがある。アメリカのネーションそのものが、ものすごく普遍化されているがゆえに、ナショナリズムとしては見えてきにくい構造を非常に持っている。しかし、それは、ある意味で近代国民国家の最も純粋形みたいな部分も含んでいるのかもしれない。普遍と個別が一体化しているので、アメリカのナショナリズムというのはうまく整理できない難しさがありますね。

岩崎　顕著に多民族的な国家のパターンとしては、多かれ少なかれ、そういうナショナリズムの編成の仕方がある。確かにアメリカは吉見さんがいわれるように、一つの究極のモデルですね。

ロシアもムスリムがいてロシア正教徒がいて、というふうに、ある意味で似たような問題を抱え込んでいます。ただ、アメリカのような形の統合をしていないだけで、そもそも日本も含めてあらゆる国民国家は多民族的であり、定義によってそうでないはずがないのですが、顕著な多民族的な国家における一つのモデルとして、アメリカは確かに純粋型なのかもしれません。

九〇年代と「失われた一〇年」

永野　九〇年代はグローバリゼーションの時代で、日本はそれに乗り遅れ、「失われた一〇年」を経験しました。グローバリゼーションのなかで、日本はバブルの時代に踊ったあと、経済の場合でも、先が読めなくなっていった。そうした中でアメリカと日本という対抗軸でいうと、九〇年代後半、とりわけ九八年に日米の経済関係の逆転を経験するのです。

この結果、ここ数年来、日本が失敗を繰り返した時代の対抗軸というのは、アメリカのグローバリゼーションが普遍的なものであって、日本は特殊であって、それはすなわちナショナリズムだという議論です。そういう枠でとらえてきたため、グローバリゼーション万歳で、ナショナリズムは悪であるという構図が出てきたように思います。ところが、9・11の事件とその後のいろいろな動きのなかで、日本とアメリカの関係だけを見ても、そう単純にはとらえられないということがはっきりしてきた。そして、戦争の形態というものを考える場合でも、私たちは戦争をどう記憶しているかということと、今度の事件も密接につながってくる。

先ほど吉見さんがおっしゃられたように、日本人の、あるいは日本の戦争の記憶というものは冷戦期に作られたものであって、日本がいままで引きずってきたナショナリズムは、一九五〇年代や六〇年代の冷戦構造のなかで作られたものである。（中略）戦争の記憶というのは非常に象徴的なものですけれども、それだけではなくて、五〇年代や六〇年代に作られていった日本の思想状況とか政治状況、あるいは文化状況というものが、ひょっとして、いま、非常に古臭いものになっているかもしれない。あるいは、そういうものがいま変わりつつあるとすると、一体、それをどういうふうに私たちは理解して、先へ進んでいったらいいのかというところをお話いただけないでしょうか。

先ほどから、教科書問題、その他「つくる会」の問題が出てきましたけれども、冷戦時代の日本のあり方と、冷戦後の日本の問題、それからアジア諸国との関連についてどのようにお考えでしょうか。

吉見　冷戦の時代、特に一九五〇年代から八〇年代に至るまで、日本は空前の繁栄というか、経済成長、七〇年代のオイルショックの時代はありましたけれども、その後のバブルの時代という形で、経済的な繁栄と脱政治化、それから豊かな社会をずっと経験してきたわけです。けれども、これはアジアのなかではものすごく特異なことであった。たとえば朝鮮半島であれば、これは姜尚中さんとの本[4]のなかでも強調したところですけれども、朝鮮戦争、それからその後の開発独裁の時代というのを経てきていたわけですし、それは台湾でも、それから中国大陸でも、形は違いますけれども、内戦から文革への時代を経てきた。東南アジアの場合、いうまでもなく、開発独裁とヴェトナム戦争の時代があったわけです。

そうすると、なぜ日本がアジアのなかで特殊であり得たのかということすら考えなくてもよかった時代が八〇年代までだったのかもしれない。

東アジア全体の地政学的な布置のなかで、軍事的な問題というのは、沖縄なり韓国なり朝鮮半島なり、そして東南アジアのなかに掃き寄せられていた。日本本土においては、経済的な発展が特権的に保証されるような条件が整っていたということが前提としてある。五〇年代から六〇年代にかけて、そういう条件のなかで皇太子成婚なりオリンピックなり大阪万博なりという形で、「経済」なり「技術」なりを媒介にしたナショナルなアイデンティティが、安定的なものとして醸成されてきたということがあったのだと思います。

そしてそのなかでは、もちろん戦争の問題というものを、被害者として考えることはあったけれども、しかし、九〇年代になって争点化されてくるような、もろもろの加害者としての戦争責任の問題、それからアジア全体のなかでの日本のポジショナリティについて、頭では考えるけれども、切迫した問題としては考えなくてもいいような状況というもの、それが冷戦構造でした。それが全部、九〇年代になって崩れてきた。それを崩れさせていった力も、グローバリゼーションでもあるわけですね。

八〇年代とポストモダン

岩崎　いま吉見さんのおっしゃること一つ一つにうなずきながら伺っていたのですが、「失われた一〇年」とは普通九〇年代についていいますね。しかし、私は、失われたのは九〇年代ではないと思っています。九〇年代はむしろ苦しい時代、問題が徐々に見えつつあるというか、見ようとしていた時代だと思うんです。まったく抜けてしまっているのは実は八〇年代の方であって、そこにこそ一番深刻な断裂がある。あの時代は、それこそバブルの時代であったと同時に領導する思想としては、圧倒的にポストモダンの時代だったと思います。卑近な例ですが、学生の振る舞い方としては、古典はもうありがたがって勉強しなくてもいいんだ、ということが認められたような時代だったといってみましょうか。だから知的継承性においてもあそこで断絶したのです。古いものは読まなくていい。(中略)

だから、私は、むしろ八〇年代が失われた時代なのであって、九〇年代はそのツケを非常にきつい形で払いはじめた時代だろうというふうに思っているのです。

五〇年代、六〇年代、七〇年代と吉見さんが整理してくださったのですが、ついでにそれに四〇年代を加えた上で、これはむしろ永野さんのご意見を伺いたいのですが、最近、大きな影響を与えたというか、話題になった本として、ジョン・ダワーの『敗北を抱きしめて』(岩波書店)がありますね。あれがアメリカで出て、ピュリッツアー賞をもらった。次の年にビックスが同じテーマの問題でやはり、同じ賞をもらったのですが、ダワーの歴史叙述は日本語に翻訳されて、広く受容されたわけです。あれは四〇年代の問題を扱っている。

ダワーは、ジャパニーズではなくてスキャパニーズ(SCAPanese)といういい方をしたり、あるいは、「ハイブリッド型の戦後」ということをいう。つまり、日本的な特殊性だとかといわれたり、日本は他国に較べて全然戦争犯罪についての責任意識がないとかといわれるけれども、まさにそれはアメリカが関与しつつ作ってきたことなのだという点をあらためて鮮明に描き出します。

吉見さんがおっしゃった、戦後の日本のナショナリズムというのは、同時に冷戦構造のなかで、つまりアメリカとの関係のなかでできてきたということを、ダワーはそういう形で明らかにしたのです。しかし、いまの吉見さんのご指摘は当のダワーにも当てはまるところがあるのではないかと思うのです。

つまり、彼はやはり日米関係で考えてしまっているからです。吉見さんがおっしゃったように、朝鮮半島では開発独裁があり、台湾も同じであった。中国は内戦と文革があり、東南アジアはずっと戦争を経験してきた。インドネシアだって四〇年代後半というのはずっと戦争しているわけです。最初はイギリスで、それからオランダとの間で独立戦争をした。ダワーがいうハイブリッド型といっても、彼の場合、せいぜい二つですね。ところが日米でしか考えられていないものを、さらに大きく開いていく歴史叙述の可能性というのがあるのではないかと思うのです。そのことを吉見さんが指摘されたのではないかと伺っておりました。朝鮮半島ですら、戦後っていつからだったか、ということを容易には答えられません。私たちは簡単に、四五年というふうにいってしまう。朝鮮半島にとっては光復節で四五年八月一五日だというふうにいうわけですが、しかし、実際には、民族的な統一を追求する自発的な格闘があり、農地改革のための試みが出てきたあとに、アメリカ軍による軍政があって、台なしになってしまう。そして、実際には、四八年から、済州島の蜂起があり、ヨス・スンチョンの反乱があり、智里山のパルチザン戦があり、そして、さらには朝鮮戦争が、あるいは韓国戦争というべきかもしれませんが、それらが続くというプロセスがあるのです。そうやって考えると、実は、東アジアのことが何も見えてこなかったというのが、私たちのこれまでの戦後の物語だった。アジアの問題というほんとうに重要な試金石、端的に自分たちがそこにいて絡みあっている問題が可視化しないできたのは、四〇年代、五〇年代、六〇年代、そして七〇年代、八〇年代もそうです。八〇年代のメイン・ストリームはアジアの戦後なんか何もなかった。

そうすると、八〇年代のような形で、戦後にケリをつけたかのような幻想を持ったことのツケを九〇年代に払ったのかもしれません。八〇年代の脱政治化に対して、九〇年代は再政治化の一〇年でもある。その象徴が、一つは、いわゆる「従軍慰安婦」問題だと思うのです。あそこにはアジアの問題があると同時に、八〇年代に脱政治化して消してしまった問題が、違う形でポリティカルな問いとして可視化してきた。(中略)

だから、私たちは、八〇年代に空っぽにした部分を、二重に生きなおさなければいけなくなってしまったと思うのです。

八〇年代という空白の時代

永野 いろいろとおもしろい点が出てまいりました。九〇年代が失われた一〇年と一般にいわれていますが、この「失われた一〇年」という言葉自体も、本当は八〇年代にラテンアメリカに対して使われたもので、その亜流ですよね。それがいつの間にか日本に置き代わった。非常におもしろいポイントは、問題は九〇年代ではなくて、八〇年代にあるということですね。いわゆる失われた一〇年というのは空白の時代だという指摘をアジアの問題と絡めて岩崎さんからお話しいただいたのですが、私が個人的に思っているのは、私自身がフィリピンの勉強を始めたのは七〇年代ですけれども、経済史をやりながら、思想の本とか文化の本とか、そういうものを読んでいたのです。けれども、読むのをやめてしまった時期があります。それは時間がないとかそういうのではなくて、自分の頭とは離れたところに議論が行ってしまったというのが八〇年代初めで、最後に読んでおもしろいと思ったのは浅田彰さんの『構造と力』です。それ以降、私はフィリピンに入れ揚げていたということもあるのですけれども、思想史とか政治史とかはおもしろい本が見つからなくなってしまった。

私が個人的に体験した八〇年代と、いま岩崎さんがおっしゃられたことと重なっていて、数年前から、また思想史の本とか政治の本とか読みだすと大変おもしろいものがあるということと、いま岩崎さんが整理されたことと、個人的な体験とつながるところがある、という気がしたのです。

それと同時に、もう一つお聞きしたいのは、やっぱり、私たちの大学時代というのは、六〇年末から七〇年代ですから、そのころはいわゆる高度成長の最後の時期ですね。六〇年代末のその当時、だれもが読んだのは、大塚久雄であり、丸山眞男であり、宇野弘藏であり、いわゆる社会科学の巨頭がいたんですね。わかるかわからないかは別として、必ず読む。そういう時代があって、やっぱりあれだけ、外からいろいろな知識を受容しながら、しかしオリジナルなものを作れた巨人がいたという時代は、単に思想史の問題ではなくて、日本のなかで、積み上げていくという力が非常に強く働いた時代ですね。七〇年代には、もっと相対化していって、八〇年代になるとそういうのがなくなってしまう。(中略)

空白を通過して九〇年代へ

吉見 お二人の方がおっしゃられたことは大変よくわかります。大変よくわかるのですけれども、あえてちょっと違う立場をとってみたいと思います。

確かに、岩崎さんが先ほどいわれたように、八〇年代は思想的に「失われた一〇年」だったというのは、思想における政治性の転位という意味で私もそのとおりだと思います。ただ、同時に、その「失われた一〇年」を通過しなければ、九〇年代の問いというのは立ち上がらなかったのではないかと僕は思っています。つまり、六〇年代、七〇年代までの思想的な問題構制、あるいは政治的な問題設定が、そのまま九〇年代の問いに連続的に移行できたのかというと、僕はそれにはかなり懐疑的で、八〇年代が単なる空白だというふうには思わない。具体的にはどういうことかというと、大塚久雄や戦後の知識人の思想の話が出ましたけれども、たとえば体制と反体制という枠組みですとか、戦後のリベラリズムですとか、ある左翼的な知の体系ですとか、それまでに背負ってきたそういうもろもろの非常に大きな近代知の体系というものがあって、そして七〇年代の半ばぐらいまでは、その枠組みのなかでしか思想を語れない、語りにくい。どうしても思想的なものを考えようとすると、その枠組みとどう対峙するかということがまず先に立ってしまう、という状況があったと思うのです。ところが、同時に、そうした戦後思想とは乖離した形で、もっと大衆レベルの社会の変化が進んでいったところがあって、それは、六〇年代、七〇年代を通じた圧倒的な消費社会化というか、圧倒的なメディアの社会であり、圧倒的な消費の文化であったりする構造が私たちの思考のスタイルを根底から変容させつつあった。

こうした状況のなかで、思想を内在的に語っていくような視座が、六〇年代までの知の枠組みのなかから出てき得たのであろうかということには、僕は疑問があります。むしろ、七〇年代から八〇年代にかけて、我々は、伝統であれ、西洋であれ、あるいは大衆の日常であれ、思想的に何か根拠があるのだということを前提にして、知識人が自らの語りを構築していくようなスタイルが成り立たなくなっているところから思想を考えなくてはいけないのだということを自覚する。八〇年代のポストモダンといわれる状況のなかには、そうした思想の転位、近代知の枠組のラディカルな脱構築という契機が一面ではあったと思っています。つまり、思想を語る根拠がないということのなかから、しかしなお思想的な言葉を紡ぎ出していくことが果たしてどうできるのかという問題設定ですね。

たとえば、ポスト構造主義なり、ポストモダニズムなりの影響というのは、全世界的に八〇年代の思想状況を覆ったわけですけれども、それに対する受けとめ方というのは、かなり日本とヨーロッパ、たとえばイギリスなどの場合に異なっていたと思うのです。同じポストモダン的な状況を引き受けながらも、相対的には日本よりイギリスの方が早くポストモダン的な知と、批判的な実践の知というか、それはマルクス主義であったり、ポストコロニアリズムであったり、フェミニズムであったりとが比較的早くに結合していきました。その背景には、イギリスにおけるマルクス主義の伝統や経験論的な思想風土とポスト構造主義の結合、七〇年代から八〇年代にかけての不況のなかでの資本主義の諸矛盾の先鋭化など、いろいろな条件があったと思います。そうした背景のなかで、たとえばカルチュラル・スタディーズなども、広い意味でのポストモダン的な知として発展していくわけです。

ですから私にとっては、やはり八〇年代、ポストモダン的な知の脱構築を経ることによって、日常のなかでのメディアや文化、消費の問題やわれわれの身体の問題への理論的な接近というものが、既存の枠組を内破するような仕方で思想の実践として可能になっていったのではないかという気がしているのです。(中略)

日本とアジアの関係

永野　ここで、八〇年代後半と九〇年代以降の日本の問題を考えていきたいと思います。

九〇年代を失われた一〇年と区切って、二一世紀を見るのではなくて、八〇年代を一つの核として見るという論点が明確に出てきて、大変おもしろいと思います。そしてグローバリゼーション、消費社会、それからナショナリズムの再構築論へとつながっていく。冷戦構造が続いているなかで、徐々に冷戦時代が終わっていく。そこの一つの準備期として、日本の社会でも実は大きく変わっていたのだというところが、思想史状況のなかでも出てきた。ただ記憶の問題については九〇年代から出てきた、というふうにまとめられると思うのですけれども、岩崎さんが先ほどおっしゃられたアジアの問題について少しお話したいと思います。

私の場合は、アジアでも東アジアではなくて、たまたまいろいろなきっかけがあってフィリピンに入れ揚げています。とくに日本でアジアというとき、日本対東アジアの関係で考えることが多い。日本が東アジアにあるということもそうですし、日本と太平洋戦争との関係で見た場合にも、中国や朝鮮半島について議論されることが多いようです。しかし、アジア・太平洋戦争では、日本は東南アジア全体を侵略したのです。実際、いま使われている東南アジアという言葉自体も、第二次大戦前はほとんど使われず、日本が占領した時期に、スリランカにある連合軍司令部が「東南アジア司令部」と命名され、これが東南アジアという用語が初めて正式に使われたときだろうといわれています。そういう意味では、東南アジアという世界を一体的にとらえるようになるのは、日本の侵略行為に対して連合軍が一挙に撃つという形で出てくるわけです。

実際、東南アジアは、インドとか中国と比べますと、一見小さいように見えるけれども、集合で見ると大きい地域ですし、しかも、東アジアとはまったく違った文化や政治体系を持っているところで、日本と非常にかかわりが大きいわけです。そういう視点が日本でアジアについて議論されるときに、どうしても欠けてしまう場合が多いことが気がかりです。

もう少し考えてみたいのは、先ほどジョン・ダワーの本が話題となったのですけれども、岩崎さんがおっしゃるように、ジョン・ダワーの本は日米関係で日本の冷戦構造の時代の変化をとらえている。そうではなくて、アジアという軸が必要だというのは非常に重要なポイントで、そのときに、対象は東アジアだけではなくて、東南アジアを視野に入れなければいけない。それは、アジアの冷戦構造のなかで、米軍基地があるということは、アジアで日米が冷戦構造を維持するときに決定的に重要な問題で、その要が日本の沖縄の基地であり、韓国の基地であり、グアムであり、そしてごく最近までフィリピンだったのです。それが一つの大きな要になって冷戦構造を支えてきた。ですから、フィリピンを除いてしまうと、アジアの冷戦構造は見えてこないですね。

もう一つは、フィリピンでは二〇世紀を通じて、アメリカの基地があったことです。それが一九九二年に全部なくなる。日本では冷戦時代がいつ終わったのかは、観念的に一九八九年のベルリンの壁の崩壊からだと理解されている。けれども、冷戦が終わったという意識は、いまはあるかもしれないけれども、少なくとも九〇年代初めは日本ではあまりなかったですね。フィリピンの場合ははっきりしていて、冷戦が終わったのは一九九二年なのです。ところが日本の場合は依然として基地がある。それから日米関係があるということで、アメリカとの関係は本当に切っても切り離せない関係として続いているわけです。

そこで、二一世紀の日本にとって、日本とアメリカとの関係を一つの軸としながら、アジアとの関係を見ていくという視点は当然重要ですね。そこで日本から見てどう展望したらいいのかというところをおまとめいただければと思います。

未来社会への展望

吉見　展望まではいかないですけれども、まさに永野さんもおっしゃったように、アメリカから見たときには、日本も沖縄も韓国も台湾もフィリピンも、基本的には連続的だったはずです。実際に、戦後の沖縄のたとえば音楽の勃興というか、ロックとかジャズがまったくそうですけれども、最初はフィリピンバンドが沖縄に来て、フィリピンバンドに影響されながら沖縄の人たちがロックを始めていって、オキナワン・ロックの全盛期ができてくるわけです。ですから、占領期の日本の基地をめぐる音楽とかショービジネスなんかを考えても、一九五〇年代前半あたりまで、フィリピンのショービジネスと日本のショービジネスというのは、かなり連続的だったと思うのです。アメリカの軍事的な支配のシステムのなかで、極東アジアからフィリピン、東南アジアにかけての一帯というものが一つの空間としてあって、そのなかでどういうふうに戦略的に経済と軍事というものを再配置していくかということをアメリカは考えていた。日本の戦後の大衆文化は、そうした地政学的な布置のなかで営まれ、再編されていたのだと思います。

もう一つ、先程のダワーの話ですが、岩崎さんがいわれたように、私もすぐれた本だと思いますけれども、それでも日米関係の議論になっているのではないかということでいえば、当然のことながら、フィリピンの問題というのは、ダワーはその視野に入れてしかるべきというか、マッカーサーと天皇の関係を語るのだったならば、マッカーサーの本拠であったのはフィリピンですね。オーストラリアに避難しますけれども、やっぱり連合軍の重要拠点がフィリピンであったわけです。そうすると、フィリピンにおける植民地政策と日本による占領、戦後における韓国、台湾を含めた東アジアにおけるアメリカのヘゲモニーという連続的な構造のなかでマッカーサーと日本との関係を考えるという視座がほんとうは可能だったと思うのです。ところが、あれほどすぐれたダワーの本でさえ、そうした視点はまだでてきていない。

では、冷戦期のアジアにおけるアメリカとは何だったのかということ、日本にとってアメリカとは何だったのか、フィリピンにとってアメリカは何だったのか。それは個別的にはある程度語られているけれども、アジア全体にとってアメリカは何だったのか、そしてアメリカはいまなお何であるのかということを、一国一国の政治体制の問題を超えて問い直すような研究もまだそんなに出てきてないと思います。

冷戦体制が終わって、この問題を改めて明らかにしていくというふうな作業を、いまようやく始められる状況になってきていると思うのです。すぐに未来というふうにはいかないけれども、まずわれわれ自身の足元の問題が見えてきはじめていることの意味は大きいのではないかと思うのです。

岩崎　なるほど。日本、アメリカ、そこにフィリピンを入れるだけでもこれだけ違うことが見えてくるんですね。ただ一つだけはっきりさせておきたいのですが、さっきから冷戦が終わったということを、一応共有した認識として口にしているのですが、東アジアに関していうと、実は〇・五ぐらいは残っているのです。つまり朝鮮民主主義人民共和国、北朝鮮がある。ですから、冷戦のヴォキャブラリーや発想というのは依然として存在し続けている。それがときどきカンフル剤のように日本の復古型右翼の活力にもなっているわけで、テポドンが飛んだとか何とかということで、連中は元気になったりしているわけです。

ただ、東アジアのダイナミクスを考えるときには、この問題は大きい。何よりも、朝鮮半島の人たちにとって分断という、非常に大きな問題が存在し続けているわけですから、それは考えていかなければいけない。

それから、グローバリゼーションの進行のなかで、東アジアないしは東南アジア、つまりアジアという設定自身が、そのままではもう成立しなくなっていると思うのです。絶えず、アメリカという圧倒的な中枢との関係のなかで動かされているわけです。そのなかで、今度は逆に、ある種のアジア主義みたいなものが出てきても、これもまたうまくいかない。

だから、難しいのは、グローバリゼーションに対する、それこそ反システム運動というものの連帯の可能性をどうやって構築するのかということになっていきます。どういう形で、そもそも対抗的な空間像というか、対抗的な批判的地政学を試みるのかというのは、とても難しい問題です。

きっと、そのことをどういうふうに考えられるのかということで、未来社会をかろうじて論じられるのでしょう。（以下、省略）

注

(1) 一九五六年生まれ。当時、東京外国語大学外国語学部助教授。現在、東京外国語大学大学院総合国際学研究院教授。
(2) 一九五七年生まれ。当時、東京大学社会情報研究所教授。現在、東京大学大学院情報学環教授。
(3) 「座談会 アジア 記憶から未来へ 野田正彰・石坂浩一・大里浩秋」『神奈川大学評論』第三九号（二〇〇一年七月）。
(4) 姜尚中・吉見俊哉『グローバル化の遠近法――新しい公共空間を求めて』岩波書店、二〇〇一年。

第4章　国民表象としての象徴天皇制とホセ・リサール

はじめに

二〇世紀前半にアメリカのフィリピン植民地支配の主柱をなした政策に、「恩恵的同化」(benevolent assimilation)があった。本章では、この政策をアジア・太平洋戦争後のアメリカの日本占領政策のひとつの起源と位置づけ、一九世紀末フィリピン革命の英雄ホセ・リサールのアメリカ植民地期における神格化と戦後日本の象徴天皇制を比較考察することにしたい。

日本とフィリピンは、一見すると、一九世紀後半から今日にいたる近現代の歴史過程において、まったく逆の道を歩んできたように思える。フィリピンは一六世紀半ばにスペインによって植民地化され、一八九六〜九八年の対スペイン独立戦争に続いて一八九九〜一九〇二年にフィリピン・アメリカ戦争を経験したあと、アメリカの最初で唯一の植民地となった。さらにアジア・太平洋戦争時代には日本軍政下(一九四二〜四五)に置かれるという経験すら味わった。戦後フィリピンはアメリカから政治的に独立したものの、その脆弱な経済的立場から「発展途上国」と呼ばれ続けてきた。これに対して日本は、一八六八年の明治維新をその出発点として近代国家の陣容を整え、一八九五年には台湾を、一九一〇年には朝鮮を植民地化し、帝国主義の道を歩み始めた。さらに、一九三一年の満州事変を契機として中国大陸侵略への足がかりをつかみ、一九四一〜四五年のアジア・太平洋戦争に突入した。敗戦後、アメリカによる占領のもとでいったん独立国の地位を喪失したものの、一九五二年に独立国として国際社会に復帰し、朝鮮戦争やベトナム戦争のアメリカ特需などを背景として経済復興を成し遂げ、一九八〇年代末までアジアの「経済大国」として君臨した。

しかし、日本は一九九〇年代にはバブル崩壊のもとで、一九八〇年代のラテンアメリカ諸国やフィリピンと同様に、「失われた一〇年」を経験した。この間に日本の政財界はアメリカが先導するグローバリゼーションを受け入れてきた。このため一九九〇年代後半以降、以前にもまして日本社会のなかにアメリカ的要素が深く浸透した。この意味で、一九八九年の冷戦終結後の日本社会に対する影響は、バブル崩壊とグローバリゼーションのなかでのアメリカ化という形で現出してきたといっても過言ではない。二一世紀に入ってますます顕著となってきた日本に対するアメリカの影響の深化という今日的状況は、同じアジアの国々でありながらも、これまで歴史的に異なる道を歩んできたと考えられてきたフィリピンと日本を、同じ参照枠組みのなかに投入することを可能にしているように思える。その参照枠組みとは、歴史的・空間的な座標軸を異にしつつも、フィリピンと日本という二つの社会におけるアメリカ化である。

フィリピンは二〇世紀前半の半世紀にわたってアメリカの植民地支配を受けており、日本とは比較にならないほど早くアメリカの直接的影響下に置かれた。しかし、それに遅れること約半世紀、日本では戦後のアメリカによる強力な占領政策のもとで政治・経済構造が大きく変革され、一九八〇年代初頭になると日本の社会・文化・教育に対するアメリカの影響が顕著となった。さらに前述のように一九九〇年代に始まったグローバリゼーションのなかで、日本社会におけるアメリカ化の流れは加速化していった。[1]

こうした問題意識のもとで、本章では、フィリピンと日本が二〇世紀にアメリカとの二つの戦争に――すなわち、フィリピンはフィリピン・アメリカ戦争に、そして日本はアジア・太平洋戦争に――敗れた結果として、アメリカの植民地政策もしくは、その占領政策が、フィリピンと日本の二つの社会に大きな影響を与えてきたという事実に着目したい。そうすることによって、私たちは、歴史的・空間的な座標軸を異にしながらも、フィリピンと日本、そしてこの二つの国々の人々がともにアメリカの支配の影響を受けつつ、アジアにおいて相互に屈折し錯綜した関係性を維持してきた歴史的状況を、よりダイナミックな文脈で理解することができるだろう[2]。

以上を踏まえて、本章では、第一節でジョン・ダワーの『敗北を抱きしめて』を取り上げ、戦後日本におけるアメリカの占領政策の特徴を概観し、第二節でアメリカの日本占領政策と植民地期フィリピンにおけるアメリカの「恩恵的同化」政策との類似性について議論する。ついで第三節では、アメリカ植民地期のフィリピンにおけるホセ・リサールの神格化について、さらに第四節ではアメリカの占領下における象徴天皇制の成立過程について、それぞれ既存の研究に依拠しながらその意義を検討することにしたい。

一　ジョン・ダワー『敗北を抱きしめて』を読む

フィリピンと日本が同じアジアの国々でありながら、これまでこの二つの国は比較の対象と考えられてこなかった。その理由のひとつに、フィリピンでは半世紀にわたるアメリカの植民地支配がいまなおフィリピン人の集合的記憶のなかにしっかり根をおろしているのに対して、戦後日本におけるアメリカの統治は一九四五〜五二年の七年間であり（ただし沖縄の日本復帰は一九七二年）、フィリピンのアメリカ植民地期の半世紀にわたる期間と比較すると、本土が独立を喪失した期間がきわめて短かったという歴史的事実がある。実際、今日、日本人の記憶のなかではアメリカによる占領時代は遠い過去にすぎなくなっているようである。このようにアメリカ占領期が容易に日本人の集合的記憶のなかで風化していったもうひとつの理由は、日本が一九六〇年代の高度成長を経て奇跡の経済復興を成し遂げたことにある。

しかし、戦後日本の経済復興は、とりもなおさずダグラス・マッカーサー将軍指揮下のアメリカの占領政策によって変革された政治・経済構造を基礎としていた。そして、アメリカの日本占領政策とは、ジョン・ダワーがその著書『敗北を抱きしめて——第二次大戦後の日本人』でいみじくも指摘しているように、「日本とアメリカの交配型モデル」、あるいは「スキャパーニーズ・モデル〔総司令部と日本人の合作によるモデル〕」によるものであった。「スキャパーニーズ・モデル」とは、以下のダワーの言のように、「連合国軍最高司令官」（ＳＣＡＰ）、つまり、連合国軍最高司令官総司令部（ＧＨＱ）と日本の政治エリートとの間の協力関係を意味するものである。

……二一世紀への戸口にある日本を理解するためには、日本という国家があいも変わらず連続している面を探すよりも、一九二〇年代後半に始まり、一九八九年に実質的に終わったひとつの周期に注目するほうが有用である。……これを精密に観察すれば、戦後「日本モデル」の特徴とされたものの大部分が、じつは、日本とアメリカの交配型モデル a hybrid Japanese-American model というべきものであったことがわかる。……この官僚制的資本主義は、勝者と敗者がいかに日本の敗北を抱擁したかを理解したときはじめて、不可解なものではなくなる。……いわゆる日本モデルとは、より適切には「スキャパーニーズ・モデル a SCAPanese model〔総司令部と日本人の合作によるモデル〕」というべきものであった。

日本人の体験のこの周期は、裕仁の在任期間とほぼ完全に重なる。この間というもの、天皇をどう評価するかが、常に政治思想上の試金石であった。天皇は、暴走する軍国主義にはじまり、次に皇室を頂く民主主義へと日本が断絶なく移行したことのシンボルであったし、血統や文化における「国民統合」を重視する勢力にとっては、もっともわかりやすい結束のシンボルであった。天皇の臣下たちにとって、一九八九年の天皇の死は文字通りひとつの時代の終わりを告げるものであった。（ダワー 二〇〇一：下、四一八〜四一九）

日本語版の書名『敗北を抱きしめて』は、原書の書名"Embracing Defeat"の適訳である。ただし、私は戦争体験をもたない世代であるが、日本人としてこのタイトルに違和感を感ぜざるをえなかったのもまた、事実である。敗戦直後の数年間、日本人、とりわけ都市の住民は焼け野原のなかで、衣食住の不自由に悩みながら日々の生活を送った。しかし、人間として最低限の生活すらままならなかった時代にあって、果たして大多数の日本人が「敗北を抱きしめて」日々の生活を送っていたのだろうか。

戦争体験あるいは敗戦体験をもつ日本人が残した書物や談話などから受けた印象では、日本人の多くは、敗北を抱きしめながらアメリカによる占領期を過ごしていたのではなく、むしろ「戦争が終わり、命だけは助かった」ことに安堵し、それを支えに日々の生活を送っていたようにすら思える。(3) アジア・太平洋戦争末期の一九四四年一一月から一九四五年八月に、日本国内はアメリカ軍の度重なる大空襲で破壊され、多くの住民の命が失われた。一九四五年八月の広島・長崎の原爆投下に先立つ、アメリカ軍の大空襲によって最も大きな被害を被ったのは同年三月一〇日の東京大空襲であり、子どもや高齢者、そして病人を含む、およそ一〇万人の人々が一夜にして命を落とした。日本国内へのアメリカ軍のB－29爆撃機による空襲は、一年近くにわたって非戦闘員である無数の市民を戦争に巻き込んだ（「都市空襲」二〇一五）。

よく知られるように、日本にとってアジア・太平洋戦争とは、一方においてアメリカとの帝国主義戦争であり、他方では、アジア諸国に対する侵略戦争との二重の歴史的意味をもつ戦争だった。このため、アジア地域における日本軍の侵略が現地の住民に多大の被害をもたらしつつ、アメリカとの戦いで日本軍が敗退を重ねることが、日本国内における非戦闘員に多大の被害を及ぼす結果を生んだ。公式推計によれば、この戦争で二〇〇〇万のアジア人、三一〇万人の日本人、そして六万人以上の連合国の国民が命を落とした（ビックス 二〇〇二：上、一九）。しかし、このアジア・太平洋戦争がもつ二重性は、日本国内の一般住民からは不可視の世界だったのだろう。彼らの目からみると、戦争とは、夫や息子、そして兄弟など親類の男性たちが「お国のために」戦場へ送り出され命を落とすものであり、戦争末期には国内に残された家族たちが空襲の被害を受け、都市に住む住民は空襲警報とともに防空壕に潜るのが日課となっていたからである。

こうした恐怖の日常を体験した日本国内の一般住民にとって、「あのB－29爆撃機がもはや飛んでこなくなる日がようやくやってきた」ことは、国内に残された家族の命が守られ、戦場から夫や息子たちが戻る可能性を示唆するものだろう。つまり、日本が国家として連合国との戦争に敗れたことは、日本国内の一般住民一人ひとりにとっては、「敗北」ではなく、むしろ「戦争が終わった」ことを意味したのではないだろうか。日本国民のこのような一般感情は、昭和天皇が「玉音放送」でポツダム宣言の受諾を国民に伝えた「八月一五日」が「敗戦記念日」ではなく、「終戦記念日」と呼ばれてきたことにも反映されているように思われる。(4)

したがって、GHQ占領下の日本における国民の集合的記憶をここで再構成するとすれば、それはダワーが言うように「敗北」、すなわち「敗戦」を抱きしめたのではなく、むしろ「戦争が終わった」という事実をかみしめながら、自分自身や家族の生活、そして職場や地域、さらには日本という国の復興を願いつつ、ゼロから再スタートを図った時代として描くことができよう(5)。

このように私はダワーの著書のタイトルに違和感を覚えつつも、その著書『敗北を抱きしめて』の意義を全面否定するものではない。ダワーは実に多くの歴史的事実をもって、戦後日本はGHQだけによって生み出されたものではなく、GHQと日本の政治エリートとの「合作」であったことを論証する。とくに第四部「さまざまな民主主義」では、戦後日本の民主主義を三つのタイプ、すなわち、「天皇制民主主義」、「憲法的民主主義」、「検閲民主主義」に分類し、そのなかで「天皇制民主主義」をもっとも重要視している(ダワー二〇〇一：下、第一〇～一一章)。

周知のように、戦前、国家元首であった天皇は、戦後の日本国憲法において国民の象徴となり、GHQは日本に民主主義を根づかせるために、憲法上の天皇の地位を変革しながら、天皇制を民主主義の要として位置づけた。しかし、戦後天皇制はつぎの二つの点において、戦後日本社会のなかで逆説的状況を生んできた。第一には、国民の象徴として天皇制を維持したことによって、戦後の日本国憲法では国家元首が不在となった点である。これは、独立国家としてはほぼ異例のことである。第二には、天皇を国民の象徴とすることとは理論的には別個のことであるが、天皇制の事実上の存続をはかったことで昭和天皇が戦後も引き続き在位することになり、同天皇の、とりわけアジア諸国に対する戦争責任問題に曖昧さを残した点である。ここに、戦前の軍国主義を排除しながら、しかし民主主義を日本国民の間に定着させるために天皇をその支柱とせざるをなかった、「スキャパーニーズ・モデル」の矛盾をみることができよう。と同時に、私たちが考え続けるべき問いとは、戦後の象徴天皇制についてこれまできわめて多くの批判がありながら、なぜかくも多くの国民がそれを受け入れてきたのかということである。これは、アメリカの影響を超えた天皇制の歴史的存立基盤それ自体にかかわる問題であり、議論は後段に譲ることにする。

二　アメリカ植民地期フィリピンにおける「恩恵的同化」政策

つぎに、ダワーの『敗北を抱きしめて』でまったく言及されなかったこととして、「スキャパーニーズ・モデル」と呼ばれたアメリカの日本占領政策が、二〇世紀初頭にアメリカがフィリピンを植民地化するにあたって導入した「恩恵的同化」政策に酷似していた点を取り上げたい。「スキャパーニーズ・モデル」とは、GHQと日本人政治エリートの協力関係のもとで戦後日本の政治・経済・社会的基盤が構築されたことを意味するが、長年フィリピン研究に従事してきた私には、その約半世紀前に施行されたアメリカの対フィリピン植民地政策は、戦後日本で展開された政策と同じ目的を追求するものであったことが読みとれる。

すでに本書第1章で概観したが、フィリピンは米西戦争とのからみで、一八九八年一二月のパリ講和条約によって、国際法上スペインからアメリカへその領有権が移譲された。しかし、国内的には依然として、対スペイン独立戦争として一八九六年に勃発したフィリピン革命のただなかにあり、一八九九年一月にはマロロス共和国が成立した。こうして、同年二月には早くもアメリカ軍とフィリピン革命軍が衝突し、フィリピン・アメリカ戦争に突入した。アメリカはフィリピン全土を軍政下に置き、各地で平定作戦を繰り返し、革命軍の鎮圧と懐柔にあたった。一九〇二年七月にはフィリピン全土における平定作戦完了が宣言されたが、その後もアメリカ軍に対する抵抗が続いた。

アメリカにとって植民地を支配するのは歴史上はじめての経験であった。このためアメリカはフィリピン領有後に陸軍省内に島嶼地域担当局（ＢＩＡ）を設置し、植民地フィリピンと属領プエルトリコの統括にあたった。こうしてアメリカ本国政府とフィリピン植民地政府とは、半ば植民地省の役割を担う島嶼地域担当局を通して結びつけられ、前者が後者を統括する体制が整えられていく。そしてアメリカがフィリピンで植民地経営を遂行するにあたり、その基本方針としたのが「恩恵的同化」という理念であった（永野　二〇〇三：三三～三四）。この基本方針は、一八九八年一二月にアメリカ大統領ウィリアム・マッキンリーが行った「恩恵的同化」宣言に的確に示されている。この宣言によれば、アメリカのフィリピン統治の目標とは以下のとおりであった。

……軍事政権がもっとも重要とし、かつ強く望む目的は、フィリピンの住民の信頼・尊敬・敬愛を勝ち取ることでなければならない。それは、彼らに対して可能な限りの方法を駆使して、解放された人々の遺産である個人の権利や自由を最大限に保障すること、そして恣意的な支配に代わって正義と権利の柔和な統治を行うことによって、合衆国の使命がひとつの恩恵的同化であることを彼らに対して証明することによってなしうるであろう……。（Agoncillo & Guerrero 1973: 263より引用）

アメリカは、このような植民地統治の基本方針を貫徹するために解決しなければならない課題があった。それは自立的な政治・行政制度の確立である。アメリカは自国自体がかつてイギリスの植民地であった経験から、フィリピンを一般的な支配・従属の関係でつなぎ止める形の植民地支配を極力回避する姿勢をもっていた。このためアメリカは、自国が求める統治理念のもとでフィリピン人による自治を促進することを目標として掲げた。これは、フィリピンにアメリカ型政治・行政制度を導入し、フィリピン人自身がそれを維持できるようにすることにほかならない。そのためにアメリカは、後見指導のもとでフィリピン自治を促進する親米的フィリピン人エリートの育成を試みることになる。

アメリカは、国際法上フィリピン領有後その統治の基本方針を確立するために、一八九九年一月に第一次フィリピン委員会（通称、シャーマン委員会）を組織した。続いて一九〇〇年三月には第二次フィリピン委員会（通称、タフト委員会）が組織され、フィリピンにおける文民政府の樹立をその任務とした。同委員会は一九〇〇年六月にフィリピンに到着し、同年九月から立法権の行使を開始した。さらに、一九〇一年七月の民政移管に伴いウィリアム・H・タフトが第一代民生長官に就任し、フィリピン委員会に強大な行政権が付与された。一九〇二年になるとフィリピン組織法が制定され、アメリカのフィリピン統治の骨格が固められた。同組織法では、フィリピン委員会がこれまで享受してきた立法・行政権を追認した。ただし、フィリピン人による議会、すなわち、フィリピン議会が発足したときには、フィリピン委員会は上院として、他方、フィリピン議会は下院として、立法議会を構成することになった。かくしてフィリピン人の自治を促進する政治制度として、州・町議会からなる地方政治のしくみが一九〇一年から各地で導入される一方、一九〇七年にはフィリピン議会議員選出のための総選挙が実施される運びとなった（永野　二〇〇三：三六～三七）。

一九〇七年のフィリピン議会選挙では「即時独立」を掲げたナショナリスタ党が大勝し、これ以降、同党がアメリカ植民地期フィリピン政界を支配する構図がつくられていった。ナショナリスタ党のもとでフィリピン政界をリードしたのは、マヌエル・L・ケソンとセルヒオ・オスメーニャであった。興味深いことに、この二人の政治家は、フィリピン革命期に活躍した政治エリート層やその末裔ではなく、むしろアメリカ植民地期にアメリカ人行政官や軍人たちの後ろ盾を得て地方から台頭した新興エリート層であった。この意味で、「即時独立」を掲げたナショナリスタ党の勝利とは、「アメリカの願望に対する挑戦によって成し遂げられたものではなく、むしろ逆にアメリカの保護の結果」(Paredes 1989: 66)であった。こうして、親米派のフィリピン政治エリートを核とする「植民地型民主主義」の時代が開幕した。

ところで、一九一六年にアメリカ植民地支配下のフィリピン政治は、フィリピン政府の政治・行政制度の整備を規定したジョーンズ法(フィリピン自治法)が制定されたことにより、ひとつの転換点を迎えた。同法の規定によって、上下両院からなる二院制フィリピン立法議会が発足し、フィリピン委員会がその役割を終えることになった。こうしてフィリピンでは、「恩恵的同化」政策のもとでフィリピン人政治エリートの構成する二院制議会の時代が一九三五年まで続くことになる(永野 二〇〇三:四一〜五四)。これは、前述のダワーの概念に依拠すれば、「フィリピンとアメリカの交配型モデル」とも呼ぶべきものであろう。

さらにここで付言すべきことは、アメリカ植民地フィリピンにおいてケソンとオスメーニャが親米派の新興政治エリートとして台頭したように、日本の戦後政治において顕著にみられた傾向は、カレル・ヴァン・ウォルフレンがその名著『日本/権力構造の謎』で展開した鋭利な分析によれば、官僚制度の強化である。ウォルフレンがみる冷戦期日本社会の権力構造の特徴は、各省庁の官僚組織が政策決定において、内閣や国会議員にも優る権力を実質的に保持してきたことにある(ウォルフレン 一九九四)。こうした日本特異の政治・行政制度は、いうまでもなく冷戦期に日本がアメリカの核の傘のもとで「経済大国」の道を歩んだことによって維持されたものであり、一九九〇年代のポスト冷戦時代に機能不全にすら陥ったことは私たちの記憶に新しい。この意味で、フィリピンでは二〇世紀前半に、そして日本ではアジア・太平洋戦争直後に経験した「アメリカによる占領」は、この二つの国の政治・経済・社会構造の変容に対して多大の影響を及ぼしたのである。

三　フィリピンにおけるホセ・リサールの神格化

ここでアメリカ植民地期初期におけるホセ・リサールの神格化過程についての議論を進めよう。一九世紀末のフィリピン革命の英雄、ホセ・リサールのアメリカ植民地期における神格化についての詳しい議論は、フィリピン政治史の研究者フロロ・C・キブイェンの論争的な著書『挫折した民族──リサール、アメリカのヘゲモニー、フィリピン・ナショナリズム』(Quibuyen 1999) によって得られる。ホセ・リサールは一八八〇年代にスペイン留学し、スペインのフィリピン植民地統治の不正とその改革を訴える「プロパガンダ(啓蒙宣伝)運動」で活躍し、最終的にはスペインからの分離独立を訴えた。このため一八九二年にフィリピンに帰国するやいなや、ただちにスペイン植民地政府によって逮捕され、ミンダナオ島北部に流刑された。さらに一八九六年八月にフィリピン革命が勃発すると、革命を煽動した罪を問われて同年一二月三〇日にマニラで処刑された。キブイェンは『挫折した民族』の第一〇章において、フィリピン革命におけるリサールの役割とそのイメージを改変するにあたり、フィリピン領有直後にアメリカ植民地政府がどのような試みを行ったかについて批判的に考察している。

> 植民地統治の覇権的側面は、おもに民族主義運動……の吸収をめざし、二つの関連する側面、すなわち、文化的な側面と政治的な側面をもっていた。政治的な側面は、地元エリートを、文民政府の創出によって植民地経営における効果的な協力者として取り込んでいくということを含むものであった。こうした取り込みの驚くべき産物、すなわち、アメリカ植民地政府にとっての成功物語とは、ナショナリスタ党、マヌエル・ケソン、セルヒオ・オスメーニャ、マヌエル・ロハスといった、いわゆる民族主義的指導者で堅く「親独立派」と言われた立場に立った人びとであった。
>
> 文化的な側面には、独立志向の民族主義運動を取り込み、一八九六年の革命的伝統から切り離された「公定ナショナリズム」に変容されることが含まれていた。この目的のために、リサールというシンボルが流用されたのである。（Quibuyen 1999: 276-277；キブイェン　二〇〇四：三〇六）

キブイェンは、フィリピン革命史の研究者として著名なレイナルド・C・イレートによるリサールに関する優れた先行研究（Ileto 1984）に依拠しながら、アメリカ植民地期に主として三つのリサールの読み方があったとする。そのひとつは、アメリカ的な読み方であり、イレートの言を借りれば、「フィリピン人の称賛を革命的英雄から遠ざけ、平和主義と立憲的国民主義に向けるために……、リサールに対する全国規模の英雄崇拝」を促進するものであった。第二の読み方は、保守的なフィリピン人有産知識階層《イルストラード》の見方で、リサールをスペイン植民地支配に対する抵抗のシンボルとしながら、同時に反革命的なフィリピン国民のシンボルとする見方である。第三の読み方は、アメリカ的な見方と真っ向から対立するものであり、リサールを革命的英雄とするものである。これはフィリピン革命の指導者エミリオ・アギナルドが率いたマロロス共和国やコロルムと呼ばれる千年王国的な農民組織によって共有され、アメリカ植民地期をとおして存続したイメージである（Quibuyen 1999：282-283；キブイェン　二〇〇四：三一六～三一七）。

キブイェンは、右の第三の読み方にしたがって、アメリカ植民地期において神格化されたリサール像を脱構築していく。まず、リサールが一八九六年一二月にスペイン植民地政府によって処刑されたのち、その神話的な人物像がフィリピン革命における抵抗のシンボルとなり、リサールを追悼するための最初の記念行事が、一八九八年一二月に革命政府の名においてアギナルド将軍によって執り行われた事実を取り上げる。そして、リサールを革命における神話的英雄とする動きがフィリピン各地に広がったとする。リサールの革命的英雄という偶像がフィリピン革命期やフィリピン・アメリカ戦争の時代にフィリピン国民の心を捉えていたとしたら、アメリカはフィリピンを植民地化するにあたり、リサールという偶像をどのように利用したのだろうか、あるいは植民地統治に利用するにあたって、革命時代に構築されたリサールの偶像をどのように改変し神格化していったのだろうか、とキブイェンは問う。つまり、フィリピン革命当時にイレートが言うところの第三の読み方がフィリピン国内に広範に広がったリサール像であったとしたら、アメリカ植民地時代には、第一の読み方、つまり、リサールは革命的英雄ではなく平和的穏健主義者であるというイメージがどのように創られていったのかという問いを発するのである。

キブイェンによれば、アメリカ植民地統治の開始当初に展開されたリサールの新たな神格化は、本節第二節で触れた二つのフィリピン委員会、すなわち、シャーマン委員会（第一次フィリピン委員会）とタフト委員会（第二次フィリピン委員会）が準備したものであった。しかもその目的は、文明化されていないフィリピン人のための「福祉」であって独立のためではなかった。こうした考えをフィリピン人の間に広めるためには、東洋に対する偏見をもってフィリピン史を書き換え、リサールのイメージを作りなおす必要があった（Quibuyen 1999: 287-289；キブイェン 二〇〇四：三二三〜三二六）。

シャーマン委員会は一八九九年三月のフィリピン到着から一九〇〇年一月に任務を終え、フィリピン植民地統治に関する政策提言をマッキンリー大統領に提出した。キブイェンによると、その政策提言では述べられていないが、この委員会が注目した課題として、「リサール」があった。委員会は、トリニダード・H・パルド・デ・タベラなどの著名なフィリピン人をはじめ、イギリス人やスペイン人の著述家たちをとおして、リサールについての知識を得た。なかでもパルド・デ・タベラはリサールに関する情報提供者として重要な役割を果たし、その証言は、『フィリピン委員会報告書』のなかに記録として残されている。この結果、のちにフィリピン総督の地位についたW・キャメロン・フォーブスはその著書のなかで、「リサールは決して独立を提唱しなかったし、政府への武装抵抗を提唱することもなかった。彼は宣伝、公教育、そして公共の良心に訴えることによって、内側からの改革を促した」と主張することになる。キブイェンによれば、アメリカ人はリサールを、フィリピン革命やその武装蜂起の指導者であるアンドレス・ボニファシオから完全に切り離そうとしたのである（Quibuyen 1999: 284-285, 290；キブイエン 二〇〇四：三一九〜三二〇、三二七）。

本章第二節で概観したように、アメリカ植民地政府は一九〇一年七月に軍政から民政へ移管され、タフト委員会には、それまでの立法権に加えて行政権が付与された。キブイェンによれば、アメリカ植民地期のリサールの神格化が完成するのはこの時期であった。アメリカ植民地期の最初の一〇年でアメリカ化されたリサールが普及したが、それは「アメリカによる果敢なまでのリサールの後援とフィリピン人エリートの熱狂的な協力を通してなされた」。リサールにちなんで、従来のモロン州がリサール州へと改名され、リサールの胸像や立像が町々の広場や公園に建てられた。さらに、リサールに関連して一九〇一～〇二年に二つの法律が制定された。ひとつは、リサールの処刑地（ルネタ）にリサール記念碑を建てることを定めたもの、もうひとつは、リサールが処刑された一二月三〇日を「リサールの日」として国民の祝日と定めたものである（Quibuyen 1999: 292-293；キブイェン 二〇〇四：三三二）。

アメリカ植民地政府が、このようにしてまで平和的穏健主義者リサールの偶像をフィリピン国民の間に定着させることに腐心したのは、前述のように一九〇二年七月の平定完了宣言後も各地でアメリカ軍に対する抵抗運動が続き、フィリピン国民の心をアメリカ植民地政府が捉える必要があったからである。アメリカがフィリピン領有当初から、その植民地支配に合致するような形でリサールの神格化に勢力を注いだことは、スペイン植民地政府によって処刑されたリサールが、フィリピン革命期においていかにフィリピン国民の心の深層のなかに位置づいていたかを物語っている。

ところで、リサールがその代表的な小説によって、あるいは一八九六年の死によって、フィリピン国民にどのような影響を与えたのかについてもっとも繊細な形で再構築することに成功した論文に、レイナルド・C・イレート「リサールとフィリピン史の底面」（一九八二年）がある（Ileto 1998: chap. 2に再録）。この論文では、第一に、リサールが有産知識階層の出身でありながら、一八四〇年代からフィリピン革命期にいたる民衆の抵抗運動の思想的基盤を共有していたこと、第二に、リサールが処刑されたことにより、とりわけマニラ周辺のタガログ語圏の地域ではリサールを殉教者としてタガログ人のキリストとみなし、国民的英雄として崇拝することになったこと、そして第三に、リサールの処刑がスペインに対する武装独立革命に対する有産知識階層や民衆の支持を広げることになったことなどについての、錯綜した構図が浮き彫りにされている。イレートはその名著『キリスト受難詩と革命』において、一九世紀半ば以来の千年王国運動の流れのなかにカティプーナンと呼ばれるフィリピン革命武装組織の思想と運動を位置づけたように（Ileto 1979）、右の論文でも千年王国的な民衆の抵抗運動とリサールとの接点を見出している。

イレートのこの議論に立脚すると、リサールを穏健的な改革主義者と断定することは、たんにフィリピン革命の展開からリサールを切り離すだけではなく、一九世紀半ばから植民地支配に対する抵抗運動を軸に形づくられてきたフィリピン近代史の流れからリサールを取り残す結果を生むことになる。換言すれば、フィリピン革命を軸に旋回したフィリピン近代史の中心に位置する国民的殉教者ホセ・リサールをアメリカ植民地主義のなかで神格化することは、民衆の抵抗運動を抑圧する意味を内包するものであった。したがって、アメリカによって神格化されたリサールをその呪縛から解き放ち、再びフィリピン国民の心に取り戻すことは、フィリピン近代史をアメリカ植民地言説から取り戻すことと同義となる。この意味で、あるがままのリサール像を追求するフィリピン人研究者たちの今日における知的営為は、歴史的文脈を異にするとはいえ、私たち日本人研究者が国民表象としての天皇制にたえずこだわり続けてきたことと、まったく別個のことではないように、私には思えてならない。

以上の議論を踏まえて、次節では日本の象徴天皇制の問題に接近することにしたい。

四　戦後日本の象徴天皇制

日本史において天皇制の問題に触れることは、なんらかの「タブー」がつねにつきまとってきた。象徴天皇制に関する代表的な研究書には、中村政則『象徴天皇制への道』(中村　一九八九)、同『戦後史と象徴天皇』(中村　一九九二)、吉田裕『昭和天皇の終戦史』(吉田　一九九二)、ハーバート・ビックス『昭和天皇』(ビックス　二〇〇二)などがある。また、新たに発見した資料にもとづいて、日米開戦からわずか六カ月後にアメリカが象徴天皇制を構想していたという近年の刺激的な議論もある(フジタニ　二〇〇三：加藤二〇〇五)。

本節ではまず、吉田裕の『昭和天皇の終戦史』を読み解こう。同書は、一九九〇年にはじめて公刊された「昭和天皇独白録」を軸に、戦争における一個の政治的主体としての昭和天皇の姿を再構築した労作である。同書では、戦後日本の象徴天皇制がGHQの主導によって導入されたことを認めつつ、天皇をとりまく側近たちの政治工作が戦後の政治構造の形成に大きな意味を与えたことを浮き彫りにし、戦後日本の象徴天皇制がGHQと日本の政治エリートによる「合作」の結果生まれた構図を描いている。

吉田によれば、GHQと日本の政治エリートの「合作」の結節点は、昭和天皇の戦争責任問題であった。GHQは、一九四五年八月にはすでに天皇制存続の方針を固めていたが、依然として昭和天皇個人の処遇問題はきわめて流動的であった(吉田　一九九二：四二)。こうしたなかで、昭和天皇の戦争責任をめぐって日本の保守勢力が動き出し、最初にいわゆる「宮中グループ」がGHQに接近した。このグループは天皇の側近者たち、そしてこの側近者たちと公式・非公式に結びついて行動した一群の人々であり、戦後の「国体護持」のために水面下で必死の工作を行った。彼らの最初の成果は一九四五年九月二七日の天皇・マッカーサー会談であった。この会談でマッカーサーは天皇の戦争責任問題には触れず、天皇を日本の元首として扱った。その後、GHQが国民の象徴としての天皇の権威を戦後日本の統治のために利用する政策を固め、一九四六年一月一日の昭和天皇の「人間宣言」にいたった(同前：六七～六九、八一～八三)。

しかし、日本の保守政治のなかに象徴天皇制が受け入れられるまでには曲折があった。一九四六年二〜三月に、「宮中グループ」を構成する皇族の東久邇宮稔彦や三笠宮崇仁が、昭和天皇は戦争責任をとって退位すべきであると示唆したからである。GHQはすでに天皇制を温存して占領統治に利用するという方針を固めており、すばやくこの動きを牽制した。同年三月、マッカーサーの軍事秘書のボナ・フェラーズ准将が枢密院の重臣である米内光政と会見し、戦争責任のすべてを東条英機が引き受け、天皇の免責をはかるよう促した。ここで「宮中グループ」はひとつのジレンマ——日本国民にとって天皇とは、「非政治的もしくは超国家的存在」であるから、天皇が公の場で特定の人物を非難するようなことが起きてはならない——に直面する。そこで、「宮中グループ」はGHQや国際検察局（IPS）への水面化の政治工作を行って、このジレンマを回避した（同前：九二〜九四、九七〜九八）。吉田によれば、「昭和天皇独白録」とは、昭和天皇の戦争責任を回避するために天皇の側近グループが行った戦犯裁判対策の結果生まれたものであった。つまり、「独白録」とは、天皇の戦争責任についての「弁明の書」であり、しかもその戦争責任とはアメリカに対する責任だけを意味していた（同前：一四五）。

他方、タカシ・フジタニは、二〇〇〇年にアメリカ陸軍省文書のなかで発見した新資料に着目している。それは、真珠湾攻撃から六カ月もたたない一九四二年九月にエドウィン・O・ライシャワーが残した対日政策についての覚書であり、ライシャワーはそこで天皇制を「最良の傀儡」、つまり、戦後支配の「道具」として利用することを提言していた。ライシャワーの「傀儡天皇制」とは、とりもなおさず戦後に実現した「象徴天皇制」であるが、フジタニにとって、それはアメリカのアジア人に対する人種主義に裏打ちされた形で構想されたものであった。フジタニは、ライシャワーが覚書で、天皇制の問題をアメリカの日系人部隊の扱いと結びつけて論じていることに注目する。なぜなら、ライシャワーは、日系人をアメリカの部隊に組み入れることによって、この戦争が、日本人が宣伝するような「アジアにおける白色の特権を守るための人種戦争」ではなく、「人種にかかわらず、すべての人々にとってより良い世界秩序を打建てるための戦争」であるとの証拠となると主張しているからである。このことは、日系アメリカ人と日本の天皇をともにアメリカの戦後戦略の道具として利用したものであり、ライシャワーの見解は、アメリカにおいて白人エリートが一般に共有する国民意識に由来するとの興味深い指摘がなされている（フジタニ　二〇〇〇：一三七〜一四六）。

ところで、戦後七〇年を超えたいま、象徴天皇制は日本の社会にしっかりと根をおろしている。しかし、戦後日本の国民表象としての象徴天皇制が定着した理由を、私たちはアメリカの占領政策だけに求めることはできない。前掲の吉田裕の言葉を借りれば、「天皇は日本国民にとって非政治的もしくは超国家的存在」であり、その存在形態が戦前の君主から戦後には国民の象徴へと変形したにすぎないとみることもできよう。また、この点に関しては、タカシ・フジタニの論考「象徴天皇制の未来について」（二〇〇三）が参考になる。

この論文のなかで、フジタニは、象徴天皇制を「狭義の天皇制」と位置づけ、天皇と皇室の制度そのものを指すものとしながらも、天皇制についてはもっと広い考え方があり、これは、天皇を「社会的、経済的、政治的、イデオロギー的な全体から安易に切り離すことができない」とする（同前：二三四〜二三五）。そのうえでフジタニは、「狭義の天皇制」を「広義の天皇制」のなかに投入しながら、グローバル化時代のなかの象徴天皇制の意味を追求している。なかでも「天皇制の未来」を議論する際に、「日本の近代君主制における最大の逆説の一つは、君主が平和と繁栄の象徴として描かれながら、暴力と死がつねにそばにあったということである」（同前：二七六）、と述べていることに注目したい。ここでフジタニが「最大の逆説」と呼ぶ天皇制の歴史的根源とは、広く知られるように、論争的な日本史研究者として著名な網野善彦がいみじくも生涯追い続けた研究課題であった。

中沢新一によれば、網野善彦の一連の仕事のなかで『蒙古襲来』（網野　二〇〇一）、『無縁・公界・楽』（網野　一九九六）、『異形の王権』（網野　一九九三）の三冊がその核となる著作である（中沢　二〇〇四）。網野自身の言によると、網野の天皇制へのこだわりは、学生から受けたつぎの二つの質問が大きな影響を与えたという。その二つの質問とは、「あなたは、天皇の力が弱くなり、滅びそうになったと説明するが、なぜ、それでも天皇は滅びなかったのか」、「なぜ、平安末・鎌倉という時代のみ、すぐれた宗教家が輩出したのか」というものだった（網野　一九九六：五～六）。網野の著作からこの二つの問いへの手短な解答を引き出すと、つぎのようになろう。

歴史的に長く続いてきた日本の天皇制の起源は、一四世紀半ばの後醍醐天皇の時代にまで遡ることができる。鎌倉時代の末期に、古代以来の日本の天皇制は危機に直面していた。とくに一三世紀末の蒙古襲来以後は九州も鎌倉幕府の統治下に入り、一四世紀初頭に天皇家の支配は九州を除く西国にしか及ばなくなっていた。後醍醐天皇はこうした状況を打開すべく、「密教の呪法、「異類」の律僧、「異形」の悪党・非人までを動員し」、天皇専制体制の樹立へと向かった。東の権力である鎌倉幕府がかくして打倒され、後醍醐天皇は専制的な王権を実現した（網野　一九九三：二二六～二二七、二三一、二三七）。後醍醐天皇の治世はその後わずか三年で終わりを遂げるが、ここで注目すべきは、後醍醐天皇が悪党・非人まで動員し、さらに真言密教の呪術の力を借りて権力の集中をはかったという網野の指摘である。ここに網野は、呪術的な世界を根底に残す今日の天皇制の原点を見出しており、それは現在にいたるまで尾をひく被差別民の問題とも無縁ではないとする（同前：二四六）。

このような網野の議論は、山口昌男の『天皇制の文化人類学』の議論とも共鳴する。山口の「天皇制の深層構造」や「天皇制の象徴空間」は、網野と同様に、天皇制がいかに日本人の精神構造のなかに深く組み込まれているかを見事に描き出している。山口は、篠田浩一郎の「内的天皇制があるから部落差別があり、部落差別があるからこの天皇制が保たれている」という分析に着目し、天皇制とは、「転倒」の論理を巧妙に利用して同化の装置に組み込んだ支配体系であるとする。そして、天皇制は日本人の精神構造のなかの光と闇を抱えており、そのことによって「反日常的心意を自らの軌跡の上に絶えず搦め取る構造を持っている」という（山口　二〇〇〇：六二、一二七）。こうしてみると、いま、私たちにもっとも求められているものは、網野善彦や山口昌男の議論を踏まえながら、戦後象徴天皇制としてその姿を変えつつも、広義の意味での天皇制が日本人の深層心理に潜んでいる現実と再度しっかり向き合うことではなかろうか。

むすび

この章では、これまでまったく別個の歴史的過程を歩んできたと見なされてきたフィリピンと日本という二つの社会の比較考察を試みてきた。フィリピンと日本を比較するにあたり、ここでは、この二つの社会を同時代におけるそのあり方を並列して検討するのではなく、「社会におけるアメリカ化現象」を軸として、二〇世紀前半のフィリピンとアジア・太平洋戦争後の日本との間の類似点と相異点を浮き彫りにすることをめざした。二〇世紀への世紀転換期にアメリカに領有されたフィリピンでは、「恩恵的同化」政策のもとでアメリカ人行政官とフィリピン人政治エリートの「合作」によってその政治・行政制度が変容していったように、戦後日本では、ＧＨＱの占領政策の遂行にあたっては日本の政治エリートとの協力関係があった。アメリカ植民地期におけるホセ・リサールの神格化がフィリピン人政治エリートの協力がなければ実現しなかったように、戦後日本の象徴天皇制の導入には日本の政治エリートの関与が必須の条件であった。

この意味では、神格化されたリサールと象徴天皇制は、同じ歴史的座標軸のうえで国民表象として成立したことになる。そして、象徴天皇制についてタカシ・フジタニが論じたように、アメリカによるリサールの神格化においても、その人種主義が体現されていたのであろう。このことは、「恩恵的同化」政策そのものがアメリカの人種主義を内包していることを意味しており、こうした観点から、帝国によってもたらされた国民表象や言説のなかに潜む人種主義について、今後より深く検討する必要があるように思われる。

さらに、ここでの考察をとおして、フィリピンと日本における二つの国民表象のそれぞれの社会における位置づけには、相違点があることも確認された。穏健的な改革主義者としてのリサールの神格化は、アメリカのフィリピン領有直後に持続していたフィリピン革命のエネルギーを遮断することが、その主たるねらいとされたのに対し、象徴天皇制の導入は、昭和天皇の戦争責任を不問に付しながらも、天皇制の維持は戦後日本社会の再興にとって必須の課題であると、ＧＨＱが判断したことによるものだった。アメリカの占領政策と日本の保守政治の「合作」として誕生した戦後日本の象徴天皇制は、今日、近隣アジア諸国と日本との間に非対称的な関係をもたらす大きな要因となっている。この点は、いまもって日本人の多くがアジア・太平洋戦争において被害者の意識を強くもちながら、加害者としての意識が希薄であることにも表れている。

アメリカによって神格化されたリサールをその呪縛から解き放ち、フィリピン国民の心に取り戻す試みが、一九八〇年代からフィリピン人研究者によって着手されてきた。これに対して、私たち日本の研究者が行う作業とは、日本人の深層心理に根づいている天皇制の存在を顕在しつつ、国民表象としての象徴天皇制の今日的意味を再考することであろう。そうすることによって、戦後長らく続いた近隣アジア諸国の人々と日本人の意識構造における矛盾と齟齬を解きほぐすことができるのではなかろうか。戦後の冷戦構造が崩壊し、グローバリゼーションが進行している今日、そのような作業がますます必要とされているように思えてならない。

注

(1) 広く知られるように、加藤典洋は、戦後日本社会における「アメリカの影」について文芸批評のかたちで照射し、さらに敗戦国日本における戦後のねじれ現象を分析している（加藤　一九九五）、（加藤　二〇〇五）、（加藤　二〇一五）。こうした問題提起は、今日、日本社会が抱える問題を繙くうえでも欠くことのできない視点である。

(2) このような問題意識は、「植民地近代性」の意味を追求することと同義となる。「植民地近代性」については、本書終章で触れる。詳しくは、（Barlow ed. 1997）、（Shin and Robinson eds. 1999）を参照。なお、フィリピンと日本の現代史をこのような参照枠組みで把握する手法は、帝国によるさまざまな地域の支配方法には直接的支配と間接的な支配とがあり、前者を「公式帝国」（植民地）とすれば、後者は「非公式帝国」（非植民地）とする近年の議論とも接点をもつものである。「非公式帝国」については、（藤原　二〇〇二：第三章）、（秋田　二〇一二）

をみよ。

(3) たとえば以下を参照、（山田　二〇〇二a）、（山田　二〇〇二b）、（三島　二〇〇二）、（三島　二〇〇三）。なお、三島由紀夫の『仮面の告白』には、つぎのような言葉がある。「戦争が勝とうと負けようと、そんなことは私にはどうでもよかったのだ。私はただ生れ変わりたかったのだ」（三島　二〇〇二：二〇一）。なお、佐伯彰一「三島由紀夫　人と文学」によれば、三島の『若人蘇れ』（一九五四）には、以下の学生同士のやりとりがある。「山川　戦争がすんだ、戦争がすんだ、と。……全く妙だなあ。／本多　今日のおひるの玉音放送さ、陛下のお声って案外黄いろい声でおどろいた。（中略）無条件降伏も云い様で立派だな」（同前：二六二）。他方、戦後、アメリカにおける日比関係史の代表的研究者となったグラント・グッドマンは、一九四五～四六年にGHQの日本語語学将校として日本に滞在した。覚書でグッドマンは、「軍事的に敗北し、国土が完全に破壊されショックと不信がただよう日本には、占領軍の改革をなんでも受け入れる雰囲気が生み出されていた」という率直な感想を述べている（グッドマン　一九八六：iii）。

(4) この点に関連しては以下を参照、（佐藤　二〇〇五）、（大澤　二〇〇八：三三～三四）。

(5) 酒井直樹は、ダワーの『敗北を抱きしめて』は、「日本の一国史の枠組みを探ることによって、アメリカ合州国の帝国主義的な戦略の隠蔽に寄与し、合州国の側から見れば密かな国民史のナルシズムの再演になってしまっている」と批判する（酒井　二〇〇七：二一五）。他方、吉見俊哉は、ダワーは戦時から戦後への連続性を看過したとし、敗戦国日本の民衆の反応の多様性のなかにあった入り組んだ文脈が十分に解き明かされていない点を指摘している（吉見　二〇〇七：一六～二〇）。

参考文献

Agoncillo, Teodoro A., and Milagros C. Guerrero（1973）*History of the Filipino People*, Quezon City: R. P. Garcia Publishing Co.

Barlow, Tani T. ed.（1997）*Formation of Colonial Modernity in East Asia*, Durham and London: Duke University

Press.
Ileto, Reynaldo C.（1979）*Pasyon and Revolution: Popular Movements in the Philippines, 1840-1910*, Quezon City: Ateneo de Manila University（レイナルド・C・イレート『キリスト受難詩と革命――一八四〇～一九一〇年のフィリピン民衆運動』清水 展・永野善子監修、川田牧人・宮脇聡史・高野邦夫訳、法政大学出版局、二〇〇五年）.
Ileto, Reynaldo C.（1984）"Orators and the Crowd: Philippine Independence Politics, 1910-1914," In Peter W. Stanley ed., *Reappraising an Empire: New Perspectives on Philippine American History*, Cambridge（Mass.）: Harvard University Press［(Ileto 1998: chapter 6）に再収録］.
Ileto, Reynaldo C.（1998）*Filipinos and Their Revolution: Event, Discourse, and Historiography*, Quezon City: Ateneo de Manila University Press.
Paredes, Ruby R.（1989）"The Origins of National Politics: Taft and the Partido Federal," in Ruby R. Paredes ed., *Philippine Colonial Democracy*, Manila: Ateneo de Manila University Press.
Quibuyen, Floro（1999）C. A *Nation Aborted: Rizal, American Hegemony, and Philippine Nationalism*, Quezon City: Ateneo de Manila University Press.
Shin, Gi-Wook, and Michael Robinson, eds.（1999）*Colonial Modernity in Korea*, Cambridge（Mass.）and London: Harvard University Press.
秋田 茂（二〇一二）『イギリス帝国の歴史――アジアから考える』中公新書。
網野善彦（一九九三）『異形の王権』平凡社。
網野善彦（一九九六）『［増補］無縁・公界・楽――日本中世の自由と平和』平凡社。
網野善彦（二〇〇一）『蒙古襲来――転換する社会』小学館文庫。
ウォルフレン、カレル・ヴァン（一九九四）『日本／権力構造の謎』（上・下）、篠原勝訳、早川書房。
大澤真幸（二〇〇八）『不可能性の時代』岩波新書。
加藤哲郎（二〇〇五）『象徴天皇制の起源――アメリカの心理戦「日本計画」』平凡社新書。
加藤典洋（一九九五）『アメリカの影――戦後発見』講談社学術文庫（初版、一九八五年、河出書房新社）。
加藤典洋（二〇〇五）『敗戦後論』ちくま文庫（初版、一九九七年、講談社）。

加藤典洋（二〇一五）『戦後入門』ちくま新書。

キブイェン、フロロ・C（二〇〇四）「フィリピンをつくり直す」（宮脇聡史訳）（レイナルド・C・イレート、ビセンテ・L・ラファエル、フロロ・C・キブイェン『フィリピン歴史研究と植民地言説』永野善子編・監訳、めこん）。

グッドマン、グラント（一九八六）『アメリカの日本・元年　一九四五―一九四六』小林英夫訳、大月書店（英語版、Grant K. Goodman, *America's Japan: The First Year, 1945-1946*, trans. by Barry D. Steben, New York: Fordam University Press, 2005）.

酒井直樹（二〇〇七）『日本／映像／米国――共感の共同体と帝国的国民主義』青土社。

佐藤卓己（二〇〇五）『八月十五日の神話――終戦記念日のメディア学』ちくま新書。

ダワー、ジョン（二〇〇一）『敗北を抱きしめて――第二次大戦後の日本人』（上・下）、三浦陽一・高杉忠明・田代康子訳、岩波書店。

「都市空襲」（二〇一五）（http://www.asahi-net.or.jp/~un3k-mn/kusyu.htm）。

中沢新一（二〇〇四）『僕の叔父さん　網野善彦』集英社新書。

永野善子（二〇〇三）『フィリピン銀行史研究――植民地体制と金融』御茶の水書房。

中村政則（一九八九）『象徴天皇制への道――米国大使グルーとその周辺』岩波新書。

中村政則（一九九二）『戦後史と象徴天皇』岩波書店。

ビックス、ハーバート（二〇〇二）『昭和天皇』（上・下）、吉田裕監修、阿倍牧夫・川島高峰・永井均訳、講談社。

フジタニ、タカシ（二〇〇〇）「ライシャワー元米国大使の傀儡天皇制構想」『世界』三月号。

フジタニ、タカシ（二〇〇三）「象徴天皇制の未来について」（『日本の歴史二五　日本はどこへ行くのか』講談社）。

藤原帰一（二〇〇二）『デモクラシーの帝国――アメリカ・戦争・現代世界』岩波新書。

三島由紀夫（二〇〇二）『三島由紀夫十代書簡集』新潮文庫。

三島由紀夫（二〇〇三）『仮面の告白』新潮文庫。

山口昌男（二〇〇〇）『天皇制の文化人類学』岩波現代文庫。

山田風太郎（二〇〇二a）『新装版 戦中派不戦日記』講談社文庫。

山田風太郎（二〇〇二b）『戦中派焼け跡日記　昭和二一年』小学館。

吉田 裕（一九九二）『昭和天皇の終戦史』岩波新書。
吉見俊哉（二〇〇七）『親米と反米――戦後日本の政治意識』岩波新書。

第5章　格差社会のなかの海外出稼ぎ者と国際結婚——在日フィリピン人を事例として

はじめに

一九九〇年代初頭のバブル崩壊以後、日本の産業構造と社会構造は大きく変化した。金融機関の不良債権の拡大と民間企業の国際競争力の低下は、右肩上がりの日本の経済発展像を根本から揺るがせ、さまざまなかたちで社会不安を誘発してきた。日本社会は一九九〇年代から「失われた二〇年」を経験することにより、その「一億総中流意識」は崩壊し、「上流社会」に対置される階層として「下流社会」の存在が指摘され、日本社会における格差拡大が深刻な社会問題となっている。

本章では、一九九〇年代初頭のバブル崩壊以後の日本社会の変容過程を射程に入れつつ、近年その数が急増した在日フィリピン人のディアスポラ（越境者）としての存在のあり方を考察したい。在日フィリピン人の圧倒的多数が女性であり、その多くが日本人男性と結婚している。在日フィリピン人には、中国や韓国等のアジア諸国出身者と同様に、国際結婚を通して日本に滞在する女性が多いことが、日系ブラジル人やペルー人（日系ラティーノ）の「ニューカマー」と呼ばれる外国人住民とは異なる特徴といえよう。

フィリピン人女性は、日本人男性と結婚して家族として生計を立て、子どもを育てるなかで、どのような経済的・社会的・文化的諸課題に直面しているのだろうか。こうした問いに対する答えを見出すためには、「外国人労働者」として来日した人々を、日本社会のたんなる「労働人口」としてではなく、日本社会のなかで日々生活する一人ひとりの人間として接近し、その存在のあり方に目を向ける必要があろう。実際、日本人男性と結婚した在日フィリピン人女性の家庭では、日本人を父とし、フィリピン人を母とする多くの子どもたちが生まれ育っている。

多くの在日フィリピン人女性にとって、日本で生活することは、産業社会における働き手としてだけではなく、家庭における妻であり、母であることを意味する。こうした人間としての存在形態によって、フィリピン人女性が日本で直面する経済的・社会的・文化的課題は、重層的構造をもたざるをえなくなる。とりわけ、日本は、アメリカ・カナダ・オーストラリアなどのような移民社会ではないため、フィリピン人女性と日本人男性との国際結婚が夫婦や親子の関係にもたらす衝撃は決して小さくないはずである。したがって、在日フィリピン人女性をめぐる個人＝家族＝社会を横断する多元的問題群について考察することは、今日の格差社会のなかで日本人自身が抱える、個人＝家族＝社会の結びつきについての問題群を逆照射することになるだろう。

以下、第一節では、近年における外国人住民と国際結婚の増加現象の背景として、一九九〇年代以降の日本社会の変容を「格差社会の出現」という視点から検討する。第二節では、「外国人登録者」のなかに在日フィリピン人を位置づけ、その構成人数と国際結婚の動態について統計的見地から議論する。第三節では、フィリピン人の海外出稼ぎと国際結婚に関する研究や調査にもとづき、これらの事象を変容する日本社会のなかに投入しつつ理解することを試みることにしたい。

一　日本社会の変容

広く知られるように、「格差社会」の議論は、一九九八年に橘木俊詔が『日本の経済格差――所得と資産から考える』を著すことによって、その先鞭をつけた（橋木　一九九八）。当時は、その主張の是非をめぐって多くの議論が展開され、「格差社会」の出現については賛否両論にわかれた。ところが、二〇〇六年にこの問題について再び論争が起きたとき、従来とは異なり、「格差の何が悪いのか」、「格差が拡大していいのではないか」といった議論の立て方が際立ってきた（橋木　二〇〇六：ⅱ）。その背景には、小泉政権のもとで進められた「構造改革」政策のなかで、日本社会が富裕層と貧困層の両極に二極化しつつあることをもはや否定できないという状況があった。従来とは異なるタイプの低所得者層が、フリーター、ニート、パラサイト・シングルなどの不安定雇用者層として大量に労働市場に滞留することになったからである。

ここで、この問題に手早く接近するために、二〇〇六年に刊行された日本の格差社会に関する三冊の本を取り上げたい。第一は橋木俊詔『格差社会――何が問題なのか』（橋木　二〇〇六）、第二に橋本健二『階級社会――現代日本の格差を問う』（橋本　二〇〇六）、そして第三には山田昌弘『新平等社会――「希望格差」を超えて』（山田　二〇〇六）である。

橋木は経済学者の立場から、その著書『格差社会』において、日本の経済構造の変化の視点から格差社会の出現を立証している。それによると、一九九〇年初頭から一五年に及ぶ長期不況のなかで失業率が高まり、さらに非正規労働者が増加した。この結果、所得分配のシステムが変容し、母子家庭・高齢者・若年者の間で新しい貧困層が生まれる一方、創業経営者や医者などが高額所得者として傑出した存在となった。橋木は、こうした社会を是正する政策として、①雇用格差の是正、②高額所得者に対する所得税率の引き上げ、③社会保障制度の改革を提示した（橋木　二〇〇六）。

橋本による『階級社会』は、社会学者の視点から、日本社会の急変貌の様相に接近したものである。橋本は、冷戦終結後しばらく「死語」と化していた「階級」という概念を使って、過去一〇年間の日本社会の構造的変化を分析した。とりわけ日本の経済社会が一気に再編成期に入った年として橋本が注目したのが、一九九七年である。東京についていえば、その後の五年間に、「都心部がますます富を集中させたのに対し、東部では経済的な地盤沈下が起こり、西部はほぼ現状を維持した。この結果、都心部と東部、西部と東部の格差はいずれも拡大した」（橋本 二〇〇六：六二）。

さらに「階級」間の格差について、橋本は、フリーターや若年無業者について議論し、彼らは、いまや労働者階級の最下層に位置する、アンダークラスを形成しつつある点を指摘した。橋本によれば、これは先進諸国に共通の現象であり、「現代資本主義が階級構造の中に新たな分断線を引き、使い捨ての階級を形成し始めたことを示すものである」（同前：八～九）。こうした状況を打破するために、橋本は、新中間階級の労働時間の短縮による正規雇用の増加を実現するための、働く者たちの協同行動を提言した（同前：二〇二～二〇三）。

これに対して、山田による『新平等社会』では、今日における中流生活の崩壊が、家族や結婚など人々の日常生活に与えた影響について鋭い分析を行った。それによると、ニューエコノミー（ポスト工業化社会）は、仕事自体をハイスキルの職とロースキルの職に二極化させる力をもつ。つまり、専門中核労働者と定型作業労働者との分断である（山田 二〇〇六：九〇～九九）。

こうした労働者間の分断は、家族の格差拡大につながった。日本では、戦後経済の高度成長期から一九九〇年頃まで、次の二つの家族のあり方が標準的とされてきた。ひとつはサラリーマン＝主婦型家族であり、もうひとつは農家に代表される自営業家族である。前者は、夫が被雇用者として収入を得て、妻は主として家事・育児を行う。こうしたサラリーマン家族では、スタートラインがほぼ同じで、年功序列賃金のもとで収入が安定していた。これに対して、後者の自営業は、親から家業を相続し、息子夫婦に相続させるというものであった。この場合、家業の規模によって収入格差が出るが、多就労のかたちで世帯間格差が縮小された。そして社会保障制度（年金）は、この二つの家族が安定していることを前提につくられたのである（同前：一〇七～一〇九）。

ところが一九九〇年代初頭のバブル崩壊後、家族の主たる収入源であったサラリーマンの給料や家業収入が二極化した。それと同時に、一九八五年の雇用機会均等法の成立以来、女性の雇用形態にも大きな変化が生じることになる。正規雇用者として活躍する女性が増加する一方、アルバイト・パート・派遣などの不安定な雇用のもとで働く女性も多く、これが家族間の収入源の多様化と経済格差の拡大要因となった。さらに、個人の収入格差の拡大は、家族形成を抑制し、解体させる側面をもつことになる。この結果、未婚率が高まり、二〇〇五年の国勢調査によると、三〇歳代前半の未婚率は男性四八パーセント、女性三三パーセントに達していた。これは、男性が主たる家計を支えるという意識が変わらないままに、男性の収入が二極化した帰結である。さらに、この間に離婚件数も著しく増加した。その多くは結婚五年未満の夫婦であり、夫が失業し収入が低下したために家庭内の経済生活が破綻したことによるものだという（同前：一〇九～一一五）。

つまり、山田昌弘によれば、バブル崩壊後の景気低迷のなかで、政府が一九九〇年代後半に経済自由化と規制緩和に踏み切ったことによって、戦後長らく続いてきた二つの家族のタイプ、すなわち、サラリーマン＝主婦型家族と自営業家族が溶解し、新たな家族問題が発生したのである。したがって、現代日本が抱える問題を解決するためには、社会保障制度を多様化した家族形態に合ったものに変え、安定した雇用を増やすことが緊急の課題であると、山田は提言する（同前：二二八〜二三七）。

こうしてみると、一九九七〜九八年の金融危機以後の日本経済における雇用形態の変化が、戦後長らく続いてきた二つの家族形態への変化や溶解へと帰結したことがわかる。ニューエコノミーの登場によって日本社会に登場した「格差社会」のなかで、従来の個人＝家族＝社会の結びつきが大きく変容した。経済自由化と規制緩和に代表されるグローバリゼーションの波は、日本の経済や社会のかたちを大きく変えただけでなく、その文化をも変質した。グローバリゼーションの名のもとに、従来にもまして私たちの日常生活に「アメリカ的要素」が入り込んだからである。一九九〇年代後半から二〇〇〇年代半ばにおける在日フィリピン人の増加と日比結婚の急増は、こうした日本社会の構造的変化のなかに位置づけて議論してゆく必要がある。

二　在日外国人のなかのフィリピン人

法務省入国管理局によると、二〇〇五年末に日本の外国人労働者とその家族を含む外国人登録者は一〇年前に比べて四八パーセント増加し、二〇一万人強となった。日本でも外国人登録者二〇〇万人の時代が到来したのである。しかし同年の、日本の外国人労働者の労働人口に占める比率はわずか〇・九パーセントであり、先進国のなかではとりわけ低水準にとどまっている。ちなみに、当時、アメリカにおける外国人労働者の比率は一五パーセント、東欧からの移民流入が激しいドイツでは九パーセントにも及んでいた。他方、日本では、高度成長期に豊富な労働力を構成してきた団塊の世代が定年退職していった。そうしたなかで、経済産業省は、現在の生産年齢人口を二〇三〇年時点で維持しようとすると、単純計算で一八〇〇万人の外国人労働者が必要であると試算した（「成長を考える　数字が語る日本⑤」、二〇〇六）。

実際、日本ではこれまで外国人の受け入れと定住化に対して、体系的なかたちで政策が展開されてきたわけではない。日系ブラジル人の海外出稼ぎをめぐる諸問題に対して鋭利な分析を行った梶田孝道らの『顔の見えない定住化』によると、日本の外国人政策には、外国人の受け入れ・定住化という回路がないため、日本は「公式には非移民国」であるものの、現実には、外国人が日本に入国・居住しているという逆説的状況にある。入国管理政策は存在するものの、欧米諸国にみられるような入国管理政策と移民政策の体系的統合はほとんど無きに等しい（梶田・丹野・樋口　二〇〇五：一一五）。

引き続き梶田らの研究によれば、日本は従来から在日コリアンに代表される多数の外国人を抱えてきたが、一九八〇年代後半から「ニューカマー」と呼ばれる多数の外国人労働者の入国・滞在が始まった。こうした事態に対応するために、一九九〇年に新しい入管法（「出入国管理及び難民認定法」）が制定された（同前：一一〇）。この入管法のもとで、法務省入国管理局が日本に滞在可能とする外国人の在留資格は、「活動に基づく在留資格」と「身分又は地位に基づく在留資格」とに大別される。「活動に基づく在留資格」は、「投資・経営」、「人文知識・国際業務」、「企業内転勤」、「興行」などの項目にわかれ、これが「高度な」労働として許可される。日本は、専門・技術分野の外国人労働者の受け入れを積極的に促進する一方、基本的には非熟練労働者の受け入れは認めていない。しかし、その内実は必ずしも「高度な」労働とは限らず、風俗産業につながりやすい「興行」もここに含まれている（同前：四三）。

これに対して、「身分又は地位に基づく在留資格」は、「永住者」、「日本人の配偶者等」、「定住者」、「特別永住者等」の項目を含むものである。「特別永住者等」の大半は在日コリアンであり、それ以外の外国人一般のなかで多くを占めるのは、「日本人の配偶者等」と「定住者」である。ここでいう「定住者」とは、当初から定住者ビザを交付されるインドシナ難民や日系人の約半数（二世や三世の非日系配偶者）、そして中国帰国者などである。「身分又は地位に基づく在留資格」とは、いわば就労制限のない身分であり、現在のような厳しい就労制限による外国人労働者の受け入れのもとでは、外国人による日本への定住・永住への道となりうる。こうして現状では、「活動に基づく在留資格」という回路ではなく、国際結婚、あるいはエスニックな移民という回路をとおして、日本への定住・永住の道が模索されることになる（同前：四三）。

実際、国際結婚の数も一九九〇年代に急増した。日本で国際結婚の統計が取られるようになったのは一九六五年からであり、この年の国際結婚は全体の〇・四パーセントであった。しかし、二〇〇三年にはそれがその一〇倍の四・八パーセントとなり、ほぼ二〇組に一組にまで増えていった（「二〇組に一組が国際結婚」、二〇〇五）。こうした状況を踏まえて、以下では、在日フィリピン人と国際結婚の動態について、統計的見地から検討することにしたい。

〈「外国人登録者」としての在日フィリピン人〉

まず表1によって、在日フィリピン人の人数と在留資格について概観しよう。この統計は、一九九六〜二〇一四年における各年度末の外国人登録者数を示したものである。はじめに国籍（出身地）別外国人登録者数の推移をみると、一九九六年末におけるフィリピン人は八万四五〇九人（外国人登録者総数の六・〇パーセント、以下カッコ内同じ）であった。その後、その数は急増し、二〇〇〇年末には一四万四八七一人（八・六パーセント）、二〇〇八年末には二一万六一七人（九・五パーセント）に達し、在日フィリピン人人口は、「韓国・

表１　国籍（出身地）別外国人登録者数[1]の推移（1996～2014年）（各年末現在）

国籍（出身地）(2)	年度	1996	1998	2000	2002	2004	2006	2008	2010	2012	2014
韓国・朝鮮	人数	657,159	638,828	635,269	625,422	607,419	598,219	589,239	565,989	567,049	542,635
	(%)	46.4	42.2	37.7	33.8	30.8	28.7	26.6	26.5	25.2	21.9
中国	人数	234,264	272,230	335,575	424,282	487,570	560,561	655,377	687,156	683,452	734,506
	(%)	16.6	18.0	19.9	22.9	24.7	26.9	29.6	32.2	30.4	29.7
ブラジル	人数	201,795	222,217	254,394	268,332	286,557	312,979	312,582	230,552	192,201	177,704
	(%)	14.3	14.7	15.1	14.5	14.5	15.0	14.1	10.8	8.5	7.2
フィリピン	人数	84,509	105,308	144,871	169,359	199,394	193,488	210,617	210,181	211,269	235,695
	(%)	6.0	7.0	8.6	9.1	10.1	9.3	9.5	9.8	9.4	9.5
ペルー	人数	37,099	41,317	46,171	51,772	55,750	58,721	59,723	54,636	49,451	48,228
	(%)	2.6	2.7	2.7	2.8	2.8	2.8	2.7	2.6	2.2	1.9
米国	人数	44,168	42,774	44,856	47,970	48,844	51,321	52,683	50,667	70,891	79,726
	(%)	3.1	2.8	2.7	2.6	2.5	2.5	2.4	2.4	3.2	3.2
その他(3)	人数	156,142	189,442	225,308	264,621	288,213	309,450	337,205	334,970	475,407	657,609
	(%)	11.0	12.6	13.4	14.3	14.6	14.8	15.2	15.7	21.1	26.6
合計	人数	1,415,136	1,512,116	1,686,444	1,851,758	1,973,747	2,084,919	2,217,426	2,134,151	2,249,720	2,476,103
	(%)	100.0	100.0	100.0	100.0	100.0	100.0	100.0	100.0	100.0	100.0

（出典）入管協会『平成18年度在留外国人統計』2006年、8頁。
法務省：【在留外国人統計（旧登録外国人統計）統計表】2015年
（http://www.moj.go.jp/housei/toukei/toukei_ichirain_touroku.html）。

（注）(1)　2012年と2014年は「総在留外国人」。
(2)　国籍（出身地）名は、原典表記による。
(3)　近年、ベトナムとタイの出身者が急増している。2010年にベトナム出身者は41,781人、タイ出身者は41,276人であったが、2014年にはベトナム出身者が102,210人、タイ出身者が72,836人となった。

朝鮮」、「中国」（台湾を含む）、「ブラジル」を国籍（出身地）とする外国人登録者数についで第四位を占めた。さらに二〇〇八年のリーマン・ショック以後、製造業でのリストラが続き、ブラジルとペルーの出身者が多数帰国したため、二〇一一年に在日フィリピン人人口は日系ブラジル人を抜いて、第三位となった（法務省　二〇一五）。

前述のように、一九九〇年の日本の入管法改正は、高度な技術や知識をもった外国人の入国を認める一方で、「単純労働者」の入国や定住は認めないという従来の基本路線を踏襲した。この法改正は、外国人労働者の激増という当時の状況への対応としてなされたものである。しかし、再び梶田孝道らの『顔の見えない定住化』の指摘に従うと、この法改正によって、日本における外国人を取り巻く状況が一変した。当時、急増していたバングラデシュ、パキスタン、イランからの入国が、日本とこの三カ国との間のビザ免除協定の停止によって困難となる一方、ブラジルやペルーなどのラテンアメリカ諸国からの日系人の入国・就労が可能となり、彼らの流入が「予想外」に急増したからである（梶田・丹野・樋口　二〇〇五：一一一）。

入管法改正後の日系ブラジル人やペルー人の出稼ぎに対する入国管理・移民政策の体系的統合が無きに等しいというこの状況は、フィリピン人の日本への入国・就労の局面にも登場した。日本政府は、国内の風俗産業での労働力不足を補填するために、一九八〇年代初頭から、フィリピン人女性の入国を促す措置を安易ともいえるかたちでとったからである。こうしてフィリピンから日本への入国者数は一九八〇年代半ばから急増することになった（バレスカス　二〇〇四：五八六）。

二〇〇〇年代半ばにおける日本在住のフィリピン人人口について検討すると、第一の特徴として、圧倒的多数が女性であったことに気がつく。二〇〇五年末の国籍（出身地）別外国人登録者統計によると、フィリピン人総数一八万七二六一人のうち、男性はわずか三万八三二〇人（全体の二〇・五パーセント）なのに対し、女性は一四万八九四一人（全体の七九・五パーセント）にも及んだ。「中国」、「韓国・朝鮮」、「ブラジル」「ペルー」を国籍（出身地）とする外国人登録者の場合、男女比はほぼ均等であり、「フィリピン」のように極端にまで偏った男女比構成をみることはなかった（入管協会　二〇〇六：三二、四四）。

第二の特徴は、その在留資格にある。二〇〇五年末の上記のフィリピン人総数のうち、二万三六四三人（全体の一二・六パーセント）の在留資格（在留目的）が「興行」であった。同年に「興行ビザ」の在留資格をもつ外国人登録者総数は三万六三七六人であったから、そのうちの全体の六五パーセントがフィリピン人で占められていたことになる（同前：四）。

このように、日本政府は安易な認定基準で「興行ビザ」を乱発し、フィリピン人女性をエンターテイナーとして受け入れてきたことで、二〇〇四年六月にアメリカ国務省から「人身売買監視対象国」と名指しされた。このため、「興行ビザ」で来日するフィリピン人エンターテイナーの受け入れ基準を厳しくするため、日本政府は、二〇〇五年二月に入管法を改正し、翌三月からそれを施行したのである（武田　二〇〇五：三二、三八〜三九：安里　二〇〇五：一三〇：佐竹・ダアノイ　二〇〇六：一七〜一九）。この結果、「外国人登録者」としての在日フィリピン人総数は、二〇〇五年末には減少に転じ、その数は一八万七二六一人（九・三パーセント）となった（入管協会　二〇〇六：八）。

ところで、入管協会による『在留外国人統計』や法務省の『在留外国人統計（旧登録外国人統計）統計表』は、前述のように、各年末に特定の在留資格のもとで日本に滞在する外国人の数を示したものである。しかし、在留資格によっては、一年、三年といった長期滞在を許可するものもあれば、一年未満の短期の場合もある。ちなみに「興行ビザ」によって許可される在留期間には、三カ月、六カ月、一年の三種類がある。したがって、それぞれの年にいったい何人のフィリピン人女性が「興行ビザ」で来日したのかは、上記の政府統計からは知ることができない。

佐竹眞明らの研究によると、入管協会『国際交流』（二〇〇四年五月号）は、二〇〇三年中に「興行ビサ」で来日した外国人は一三万三一〇三人、そのうちフィリピン人が八万〇〇四八人（全体の六〇・一パーセント）であった。加えて佐竹らは、入管法が定める期間を超えて滞在する超過滞在者数を約一万人と推計し、合計約九万人がエンターテイナーとして働いていたとの見解を示している（佐竹・ダアノイ　二〇〇六：一四）。

武田丈が指摘するように、「興行ビザ」を取得して来日したフィリピン人女性は、ダンサーや歌手などのエンターテイナーであった。彼女たちのほとんどが、大都市や地方都市のバー、キャバレー、クラブなどで働いた。本来は「専門職」としての芸術活動に対して付与される「興行ビザ」が、安易な認定基準のもとで乱発され、多くのフィリピン女性が風俗産業に従事するという特異な現象が生まれたのである（武田　二〇〇五：DAWN編著　二〇〇五）。

現在、「興行ビザ」で来日するエンターテイナーの数は激減している。毎年度末に法務省で集計される「在留外国人統計（旧登録外国人統計）統計表」によれば、二〇一二年末に「興行ビザ」で日本に滞在した外国人総数は、わずか三〇三〇人であり、そのうちフィリピン人は八九四人、さら二〇一四年末の場合は、「興行ビザ」による外国人の滞在者数は三七四一人で、そのうちフィリピン人は一四一一人であった（法務省二〇一五）。『入管協会』の統計によると、前述のように、二〇〇五年末にはフィリピン人だけで「興行ビザ」による日本滞在者が二万人を凌駕していたことを考えると、まさに隔世の感がある。とすると、今日の日本で在日外国人数第三位に位置するフィリピン人の日本社会における位置を検討するうえで、より重要な課題は、むしろ、この間に来日し、日本人と結婚することによって日本に定住することになったフィリピン人女性たちのありようについて考察することであろう。

〈国際結婚のなかの日比結婚〉

そこで次には、表2によって、厚生労働省の集計にもとづく、夫婦の国籍別にみた年次別婚姻数を吟味することにしたい。国別統計の対象国として「フィリピン」がこの統計に登場したのは、一九九二年からのことである。この年に、夫が日本人で、妻が外国人である国際結婚の総数は一万九四二三組であり、そのうち、妻がフィリピンである場合が五七七一組（全体の二九・七パーセント）を占めた。この数は、夫が日本人で妻の国籍が「韓国・朝鮮」、あるいは「中国」のいずれの場合よりも多く、こうした傾向は一九九六年まで続いた。その後、妻の国籍が「中国」の結婚が急増し、二〇〇〇年にその数は一万組近くに達した。しかし、この間も妻の国籍が「フィリピン」の結婚も増加を続け、二〇〇六年には一万二千組を超えたのである。[1]

このように昨今の日比結婚の圧倒的多数は、日本人男性を夫とし、フィリピン人女性を妻とする結婚によるものである。この日比結婚の増加を、日本における国際結婚の全体像のなかに位置づけると、つぎの三点を挙げることができる。

第一に、日本人の国際結婚総数においては、夫が日本人で、妻が外国人である場合が圧倒的に多い。再び表2をみると、二〇〇六年の国際結婚の総数は、夫日本人・妻外国人が三万五九九三組、夫外国人・妻日本人が八七〇八組であり、四倍以上もの差がある。一九九〇年と二〇〇六年の国際結婚の総数を比較すると、前者が二万五六二六組、後者が四万四七〇一組で、この一五年間に一・七倍に増加した。この間に夫日本人・妻外国人が二万二六組から三万五九九三組へと大きく増加したのに対し、夫外国人・妻日本人は五六〇〇組から八七〇八組への増加にとどまった。

第二に、夫が日本人で妻が外国人の結婚の場合、妻の圧倒的多数がアジア国籍である。二〇〇八年についてみると、夫日本人・妻外国人が二万八七二〇組のうち、妻の国籍が「韓国・朝鮮」、「中国」、「フィリピン」、「タイ」の合計が二万五四〇四組で総数の約九割を占めている。これに対して、妻の国籍が「米国」、「英国」の場合は合計二七四組（全体の一パーセント以下）にすぎない。

第三に、夫が外国人で妻が日本人の結婚の場合、夫が日本人で妻が外国人の結婚のより、夫が欧米人であ

表2　夫婦の国籍別にみた年次別婚姻件数（1965 ～ 2013 年）

年次	総数	韓国・朝鮮	中国	フィリピン	タイ	米国	英国	その他
	夫日本・妻外国							
1965	1,067	843	121	−	−	64	−	39
1970	2,108	1,536	280	−	−	75	−	217
1975	3,222	1,994	574	−	−	152	−	502
1980	4,386	2,458	912	−	−	178	−	838
1985	7,738	3,622	1,766	−	−	254	−	2,096
1990	20,026	8,940	3,614	−	−	260	−	7,212
1992	19,423	5,537	4,638	5,771	1,585	248	99	1,545
1994	19,216	4,851	4,587	5,999	1,836	241	90	1,612
1996	21,162	4,461	6,264	6,645	1,760	241	88	1,703
1998	22,159	5,143	7,036	6,111	1,699	215	65	1,890
2000	28,326	6,214	9,884	7,519	2,137	202	76	2,294
2002	27,957	5,353	10,750	7,630	1,536	163	85	2,440
2004	30,907	5,730	11,915	8,397	1,640	179	64	2,982
2006	35,993	6,041	12,131	12,150	1,676	215	79	3,701
2008	28,720	4,558	12,218	7,290	1,338	215	59	3,042
2010	22,843	3,664	10,162	5,212	1,096	223	51	2,435
2012	17,198	3,004	7,166	3,517	1,089	179	52	2,191
2013	15,442	2,734	6,253	3,118	981	184	38	2,134
	妻日本・夫外国							
年次	総数	韓国・朝鮮	中国	フィリピン	タイ	米国	英国	その他
1965	3,089	1,128	158	−	−	1,592	−	211
1970	3,438	1,386	195	−	−	1,571	−	286
1975	2,823	1,554	243	−	−	631	−	395
1980	2,875	1,651	194	−	−	625	−	405
1985	4,443	2,525	380	−	−	876	−	662
1990	5,600	2,721	708	−	−	1,091	−	1,080
1992	6,439	2,804	777	54	13	1,350	168	1,273
1994	6,596	2,686	695	46	17	1,445	190	1,517
1996	7,210	2,800	773	56	25	1,357	234	1,965
1998	7,477	2,635	787	81	38	1,299	240	2,397
2000	7,937	2,509	878	109	67	1,483	249	2,642
2002	7,922	2,379	814	104	45	1,488	317	2,775
2004	8,604	2,293	1,104	120	75	1,500	339	3,173
2006	8,708	2,335	1,084	195	54	1,474	386	3,180
2008	8,249	2,107	1,005	165	51	1,445	363	3,113
2010	7,364	1,982	910	138	38	1,329	316	2,651
2012	6,459	1,823	820	139	33	1,159	286	2,199
2013	6,046	1,689	718	105	31	1158	247	2,098

（出典）厚生労働省『平成 25 年　人口動態調査』「上巻　婚姻第 9. 18 表　夫妻の国籍別にみた年次別婚姻件数」（http://www.e-stat.go.jp/SG1/estat/List.do?lid=000001127023）。

（注）国籍は原典の表記による。「フィリピン」「タイ」「英国」については 1992 年から調査しており、それ以前は「その他」に含まれる。

る比率が圧倒的に大きいことが挙げられる。二〇〇八年の場合、婚姻数八二四九組のうち、夫の国籍が「韓国・朝鮮」、「中国」、「フィリピン」、「タイ」の合計が三三二八組（全体の四〇・三パーセント）であるのに対し、「米国」、「英国」の合計が一八〇八組（全体の二一・九パーセント）となっている。

一九八〇年代後半のバブル期以前の国際結婚といえば、「オールドカマー」の在日コリアンと日本人との結婚、あるいはアメリカ人との結婚が主流であった。しかも一九七〇年代初頭までは、夫が外国人で妻が日本人の結婚の方が、夫が日本人で妻が外国人の結婚よりもその数が多かった。したがって、一九八〇年代後半のバブル期をひとつの境として、日本における国際結婚の様相に大きな変化が起きたといえよう。第一に、夫が外国人で妻が日本人の結婚から、夫が日本人で妻が外国人の結婚へとシフトしていったこと。第二に、一九九〇年代に入ると、婚姻の相手が、アメリカ人や「オールドカマー」のアジア国籍住民である在日コリアンから、「ニューカマー」の中国人やフィリピン人へとその比重がシフトしていったこと、である。

それでは、なぜ一九九〇年代、とりわけ同年代の半ばから、日本人を夫とし「ニューカマー」の中国人やフィリピン人を妻とする結婚が増加したのだろうか。日本に中国人の女性やフィリピン女性が出稼ぎやその他の理由で長期滞在するなかで、日本の男性と知り合い結婚する機会が増えたことや日本人が海外に出かける機会が増え、国際結婚に心理的障壁を感じなくなったことを、その理由に挙げることはいとも簡単である。しかし、ここで問うべきは、一九九〇年代半ば以降の日本社会の構造的変容のなかで、このような国際結婚がなぜ急増したのか、その社会的意味であろう。

そこで、本章第一節の議論を想起されたい。前述のように山田昌弘の『新平等社会』によると、「格差社会」の出現のなかで、日本では、戦後長らく続いてきた二つの家族のタイプ、すなわち、サラリーマン＝主婦型家族と自営業家族が溶解した（山田　二〇〇六：第四章）。さらに山田は、それが「結婚格差」にいたる状況を鋭く指摘する。山田によれば、一九七五年以降日本で未婚化が進んだが、その根本的理由はつぎの三つである。第一に、女性は、結婚後、男性（夫）に家計を支える責任を求める傾向が強い。第二には、結婚生活に期待する生活水準が、戦後一貫して上昇したことである。

ところが、第三の理由として、若い男性の収入が第一次石油ショック（一九七三年）以降、相対的に低下し、さらに一九九〇年代後半からそれが不安定化したのである。若年男性の経済状況からみると、高度成長期以降の日本経済の変化を、「高度成長期」（一九五五～七三年頃）、「低成長期（一九七四～九七年）」、「不安定期（一九九七年～）」の三つの時期にわけることができる。とくに「低成長期」には、過疎地の農家の後継ぎや零細企業の被雇用者、自営業者の跡継ぎに関連して、男性の結婚難が問題化した。さらに「不安定期」には、雇用が二極化し、フリーターや契約社員が増え、若年男性の収入のリスク化に拍車がかかった。この結果、高収入を得ることのできる若年男性の数が減り、多くの女性は、一定以上の収入を得る少数の男性から「選ばれる」立場になった。他方、女性の立場からすると、経済的に期待通りの結婚生活を保証できる収入を得る未婚男性の絶対数が減ったことになる（山田　二〇〇六：二〇六、二一六～二二〇）。

かくして一九九〇年代後半から二〇〇〇年代後半における、日本人男性とアジア国籍の女性との国際結婚の急増は、日本社会における未婚化の間隙を埋めるひとつの社会現象として理解することができるであろう(2)。とすれば、国際結婚も「格差社会の申し子」といえるのかもしれない。次節では、この点に焦点をあてて、在日フィリピン人女性の日本人男性との結婚について考えてゆきたい。

三　海外出稼ぎと国際結婚

日本社会のなかでフィリピン人が重要な位置を占めるようになっていることを意外に思うひともいるかもしれない。東アジアに位置する中国や韓国と異なり、フィリピンは東南アジアのひとつの国であり、日本との歴史的関係も（植民地時代を含めて）、やや希薄と一般的に考えられてきたからである。さらに漢語圏の中国とは違って、フィリピンは英語・フィリピン語を公用語とし、人口の約九割がカトリックであることからも、日本とは地理的には近くに位置しながら、文化的には遠い国とみなされてきた。そうした国からやってきたフィリピン人女性が多くの日本人男性と結婚したのである。彼女たちはどのような経緯をへて結婚し、言語や文化の障壁を乗り越えているのだろうか。ここでは、フィリピンからの海外出稼ぎの特徴を概観しながら、その背景をさぐることにしたい。

広く知られるように、フィリピンは、インド、中国、メキシコなどと並んで、世界でも有数の出稼ぎ大国である（「出稼ぎ大国　仕送り生かせ」二〇〇六）。二〇〇七年に公表されたフィリピン政府推計によると、二〇〇四年末のフィリピン人海外出稼ぎ労働者数は総計八〇〇万人を超え、フィリピン総人口の一〇パーセント近くにまで達していた。同年の日本におけるフィリピン人出稼ぎ労働者の数は三五万人強と推計され、マレーシアよりやや多い。これは、アメリカ（二七二万人強）、サウジアラビア（九九万人強）についで第三位であった。他方、フィリピン人海外出稼ぎ労働者によるフィリピンへの送金総額は二〇〇五年に一〇〇億ドルを突破し、二〇一四年には二四三億ドルを凌駕している（Philippine Overseas Employment Administration

（POEA）2007, 2015）。[3]

海外出稼ぎ労働者による国内への送金は、二〇〇〇年代におけるフィリピンの国内総生産（GDP）のおよそ一〇パーセントに匹敵し、輸出総額の五分の一、あるいはエレクトロニクス製品輸出額の二倍にも相当した。しかも上記の金額は公的銀行を通した送金であり、実際の送金額は少なく見積もってもその二倍に達したという。さらに、この巨額の海外送金が、フィリピン国内の消費の拡大（年率およそ五パーセント）を支えてきたのである（Habito 2005；細田 二〇一一：一八七～一八八）。

小ヶ谷千穂の研究によると、フィリピンから膨大な数の海外出稼ぎ労働者が送り出されるようになったのは、マルコス政権下の一九七四年に開発政策の一環として新労働法のもとに海外雇用政策を導入したからである。今日の海外雇用庁（POEA、一九八二年設立）の前身も、このとき設立された。これは第一次石油ショックの影響を受けたフィリピン経済に対する失業対策と対外債務返済のための外貨獲得をねらったものである。おもな派遣先は石油ブームに沸く中東諸国で、派遣されたのは男性の建設労働者だった。ところが一九八〇年代半ばになると、アジア諸国に家事労働者として派遣される女性の比率が徐々に増加した。一九九〇年後半におけるフィリピン人の海外就労先のうちアジア諸国が四〇パーセント、中東諸国が三九パーセントを占め、前者が後者をわずかながら上回った。とりわけ香港と日本では一九九〇年代半ばの女性の就労率が九割を超え、しかも日本への出稼ぎ労働者の九割がエンターテイナーだった（小ヶ谷 二〇〇三：三一八、三二五～三二六、三二九～三三〇）。

フィリピン人の海外出稼ぎ労働者の大半が女性という状況は、日本に限らず、ほかのアジア諸国にもみられた現象である。しかし、そのほとんどがエンターテイナーであるという就労国は日本だけだった。こうした特異な現象は、前述のように、日本における「フィリピン」のイメージを大きくゆがめてきた。しかし、その一方で、多くのフィリピン人女性がエンターテイナーとして来日し、日本社会のなかで生活し、フィリピンと日本の間を往復することによって、彼女たちの体験をとおして「日本」がフィリピン社会のなかに投影されることになった。管見の限り、フィリピン人の出稼ぎ労働者をとおして日本についてどのようなイメージがフィリピン社会に根づいていったのかについての体系的な調査研究はまだ行われていないようである。

しかし、一九七七〜七八年の留学を皮切りに、三〇年以上にわたってフィリピン社会を見続けてきた私の眼からすると、一九九〇年代をとおしてフィリピンにおける日本のイメージは確実によくなってきたように思える。そのひとつの大きな要因として、かつて毎年、日本とフィリピンを行き交った数万を超えるフィリピン人女性の存在があったのではなかろうか。当時、日本とフィリピンの経済的格差は拡大する一方だった。このため、日本で働くフィリピン人女性にとって、「日本はまさにドル箱」であり、たとえ彼女たちが日本でつらい体験をしていたとしても、故郷に戻ったときに語る「日本」とは、「経済的に豊かな国」だったのだろう。とりわけ一九八五年のプラザ合意以後の円高の影響は大きく[4]、これを機に日本企業のアジア諸国への対外投資が拡大する一方、海外からの出稼ぎ労働者の数が増大した。

こうしてフィリピン人女性の日本へのエンターテイナーとしての出稼ぎは、一九八〇年代後半のバブル期以後の日本とフィリピンとの間の経済的な非対称性のなかで根づいていった。フィリピンにとってこの時期は、一九八六年二月の「民衆パワー」によるマルコス政権の崩壊、その後のアキノ政権下の経済運営の失敗などが相次ぎ、ＡＳＥＡＮ諸国のなかでも最も政治経済が不安定な国であった。フィリピンが世界有数の出稼ぎ大国となった背景には、一九八〇年代にフィリピンはＡＳＥＡＮ諸国のなかで唯一工業化に失敗したという事情がある。一九九〇年代初頭にやや復調したものの、一九九七～九八年のアジア通貨危機を乗り越えたあとも、フィリピンはしばらく経済発展においてタイやマレーシアなどから水をあけられていた（川中二〇〇六：一六五～一八五）。

このような経済的背景のなかで日本に出稼ぎにきたフィリピン人女性の多くは、フィリピン社会の最底辺の出身ではなかった。むしろ中間層の下位に位置する人々である。ASEAN諸国のなかでも所得格差が大きいフィリピンにあって、彼らはよりよい生活を求めて海外に出稼ぎに出ていったのである。それでは、なぜ日本だったのだろうか。フィリピン人にとって、当時の「経済大国」日本は、「第二のアメリカ」としての存在価値があったからである。このようなフィリピン人の意識構造をみごとに描いた著作に、レイ・ベントゥーラ著『ぼくはいつも隠れていた――フィリピン人学生不法就労記』（ベントゥーラ　一九九三）がある。[5]ベントゥーラは一九六二年生まれのフィリピン人男性で、一九八七年に日本に留学し、一時帰国するが翌年また日本を訪れ、学生ビザの失効後も滞在を続け、横浜の寿町で日雇い労働者として一年間滞在した。その体験を綴ったのがこの書である。その第一七章「第二のアメリカ」のなかで、ベントゥーラは自らこう語っている。

ジャパニーズ・ドリームというものは存在しない。だがそれでも、日本はフィリピン人にとって第二のアメリカとなっている。横浜に自由の女神はない――なぜそんなものが必要だろう？　そびえたつ〝円の像〟のほうがよほど魅力的ではないか。実際にその資格を得ているフィリピン人の花嫁にすら、そんなことは二の次だ。けっして日本にずっと定住しようとも思わない。どのみち自分たちが受け入れられないだろうとわかっているし、とにかく極端に厳格な日本的生活にしたがって生きていくことなど想像もできないからだ。にもかかわらず、ぼくたちはますます日本を自分たちの未来の一部として見るようになっている。（ベントゥーラ　一九九二：一七一）

ベントゥーラが横浜の寿町に滞在した一九八〇年代末頃に「フィリピン人花嫁」として世間の耳目を集めていたのは、東北地方の過疎地の農家の後継ぎの結婚難が問題化したとき、農家の男性と結婚したフィリピン人女性たちであった。この頃、農村の日本人男性と結婚したフィリピン人女性は、エンターテイナーとして出稼ぎにやってきた人たちではなく、フィリピンで結婚斡旋業者を通して日本人男性と結婚した女性たちである。このため結婚後の日本の農村生活になじむことがむずかしく、斡旋業者を通してのこうした結婚は減少していった（Suzuki 2003）。

その一方で、前述のように一九九〇年代半ばになると、日本に出稼ぎにきたフィリピン人女性と日本人男性との結婚が急増していく。それは、なぜだろうか。鈴木伸枝は、その文化人類学的研究のなかで、日比結婚が成立する文化的要因として、日本人男性がフィリピン人女性のなかに「第二のアメリカ」を見出している点を指摘し、興味深い考察を与えている（Suzuki 2004；鈴木　二〇一一）。

ベントゥーラによれば、フィリピン人の海外出稼ぎ者たちは、一九八〇年代後半のバブル期に日本の経済のなかに「第二のアメリカ」を見出した。他方、一九九〇年代に日本社会はグローバリゼーションの波のなかに飲み込まれ、言語でいえば英語が以前にもまして重要性をもち、「グローバル・スタンダード」ならぬ「アメリカン・スタンダード」がもてはやされるようになった。

こうした状況のもとで、多くの場合、フィリピン社会の中間層下位の出身者として、英語を話し、高卒・各種学校卒などの学歴をもつフィリピン人女性は、日本の都市部で晩婚化が進むなかで、日本人男性にとってのよき結婚相手となっていったのかもしれない。とすれば、一九九〇年代半ば以降に急増した日比結婚とは、フィリピン人女性が日本人男性のなかにみた「第二のアメリカ」と、日本人男性がフィリピン人女性のなかにみた「第二のアメリカ」との文化的出会いであったとみることができよう。

だが、日比結婚のように、比較的歴史的経験の浅い結婚形態には、言語や文化の壁が依然として厚く、家庭内暴力や離婚などの問題が山積してきたのも事実である（高畑 二〇〇三：カラカサン他 二〇〇六）。結婚はあくまで個人的出来事ではあるが、日本人男性と結婚した在日フィリピン人女性の存在のあり方のなかに、日本の入国管理政策や移民政策の問題点が何らかのかたちで投影されてきたことを否定することはできない。

山田昌弘が『新平等社会』で唱えたように、今日の日本社会に必要なのは、社会保障制度を多様化した家族形態に合致したかたちに変え、安定した雇用を増やすことである。一九九〇年代後半以降、日本社会の構造それ自体が大きく変容していくなかで、家族の構造も大きく変化した。日本人と結婚しながら、日本で家庭生活を営む在日フィリピン人女性などの外国人住民に対しても、変化する日本社会と家族形態を視野に入れた、総合的な行政的措置の構築への努力が続けられねばならない。また、この十数年間、巷で語られるようになった「多文化共生社会の創造」のためには、まずもって日本人自身が日本社会の今日の変容に目を向ける必要があるだろう。

むすび

本章では、フィリピンからの海外出稼ぎと日比結婚のあり方を、一九九〇年代半ば以降の日本社会の変容とその家族形態の変化のなかに投入することを試みてきた。しかし、ここで考察したフィリピンからの海外出稼ぎと日比結婚の様相は、今日まさに変化途上にある。まず「興行ビザ」での入国が二〇〇五年の入管法の改正により、二〇〇〇年代後半から激減したことが挙げられよう。他方で、二〇〇六年は戦後の日比国交回復五〇周年にあたる年だったが、この年に日比経済連携協定（ＦＴＡ協定）が日比両国首脳によって署名された。日本は二〇〇六年末にこの協定を国会で批准し、二〇〇七年からフィリピン看護師と介護福祉士を受け入れる準備を進めた。[6]ところが、その後フィリピン国会においてこの協定の批准が難航し、ようやく二〇〇八年末に発効した。同協定に基づいて、今日フィリピンから看護師や介護福祉士が日本に受け入れられているものの、日本語で国家試験を突破する難しさや選考方法に問題があって派遣者の数は定員を下回っているのが現状である。

日本と近隣アジア諸国の関係が近年大きく変化するなかで、外国人労働者に対する日本側の対応の遅れが目立っている。日本が一九九〇年代から「失われた二〇年」を経験している間に近隣アジア諸国が果敢にグローバリゼーションに対応し、海外出稼ぎ先も多様化する傾向にある。そうしたなかで、これまでのように出稼ぎ送り出し国と日本との経済格差を前提とした外国人労働者の受け入れ政策では、質の高い出稼ぎ労働力の確保が困難になることも予想される。外国人労働者の受け入れに伴う社会的課題は、近隣アジア諸国と連携しながら日本社会をどのように再生させてゆくのかという問題と連動して考えてゆくべきであろう。

注

(1) 一九九〇年代以降の国際結婚の動向については、(佐竹　二〇一一) もみよ。
(2) この点については、山田昌弘の著書でも指摘されている (山田　二〇〇七：一五四～一五六)。
(3) 二〇〇七年の政府推計による上記の海外出稼ぎ労働者数はほぼ実数に近い数値であろう。現在、フィリピンでは労働人口の四分の一が海外出稼ぎ労働者であるといわれている。しかし、この数年の政府統計には、こうした推計値は公表されていない。公表されているのは、海外雇用庁で正式の手続きをとって海外出稼ぎのために出国した毎年の労働者数である。Philippine Overseas Employment Administration (POEA) (2015) をみよ。
(4) ちなみにフィリピン・ペソの為替レート (対米ドル) は、一九七五年に一米ドル当たり七ペソ強であったが、一九八五年には約二〇ペソ、一九九五年には二五ペソ強、さらに二〇〇五年には五五ペソにまで低落した。他方、この間に日本円の為替レートは、一九七一年のニクソン・ショクによって一米ドル当たり三六〇円の時代が終焉し、その後徐々に円が切り上げられた。とくに一九八五年のプラザ合意からは二五〇円前後から一二〇円前後へと、数年間で二倍の円高となり、現在にいたっている。
(5) 本書についての包括的な分析は、(Hau 2004: chap. 6) を参照。
(6) FTA協定交渉と看護師・介護福祉士の受け入れについて詳しくは、(安里　二〇〇五)、(安里　二〇〇六)、(安里・細田　二〇一一) を参照。なお、(鈴木　二〇一二：二一八～二二三) も参照。

参考文献

Habito, Cielito F.（2005）"Our biggest export," *Philippine Daily Inquirer*（Sept. 26).

Hau, Caroline S.（2004）*On the Subject of the Nation: Filipino Writings from the Margins, 1981 to 2004*. Quezon City: Ateneo de Manila University Press.

Philippine Overseas Employment Administration（POEA）（2007）Overseas Employment Statistics（http://www.poea.gov.ph/html/statistics.html).

Philippine Overseas Employment Administration（POEA）（2015）OFW Statistics（http://www.poea.gov.ph/html/statistics.html).

Suzuki, Nobue（2003）"Transgressing 'Victims': Reading Narratives of 'Filipina Brides' in Japan," *Critical Asian Studies*, vol. 35, no. 3 : 399-420.

Suzuki, Nobue（2004）"Inside the Home: Power and Negotiation in Filipina-Japanese Marriages," *Women's Studies*, vol. 33: 481-506.

安里和晃（二〇〇五）「移動の世紀の〈再生産労働〉1　不自由な労働力／外国人労働者の現在」『季刊あっと』第一号。

安里和晃（二〇〇六）「移動の世紀の〈再生産労働〉（最終回）3　エスニシティをまたぐ高齢者介護と介護の国際化」『季刊あっと』第五号。

安里和晃・細田尚美（二〇一一）「ＥＰＡによる看護師・介護士受け入れ制度について」（安里和晃編著『労働鎖国日本の崩壊——人口減少社会の担い手はだれか』ダイヤモンド社）。

小ヶ谷千穂（二〇〇三）「フィリピンの海外雇用政策——その推移と「海外労働者の女性化」を中心に」（駒井　洋監修、小井土彰宏編著『移民政策の国際比較』明石書店）。

梶田孝道・丹野清人・樋口直人（二〇〇五）『顔の見えない定住化——日系ブラジル人と国家・市場・移民ネットワーク』名古屋大学出版会。

カラカサン　移住女性のためのエンパワーメントセンター／反差別国際運動日本委員会（ＩＭＡＤＲ－ＪＣ）編（二〇〇六）『移住女性が切り拓くエンパワーメントの道——ＤＶを受けたフィリピン女性が語る』解放出版社。

川中　豪（二〇〇六）「フィリピン 特権をめぐる政治と経済」（片山　裕・大西 裕編『アジアの政治経済・入門』有斐閣）。

厚生労働省（二〇〇七）『平成一七年　人口動態調査』（厚生労働省統計表データベースシステム）（http://www.dbtk.mhlw.go.jp/toukei/cgi/sse_kensaku）。

佐竹眞明、メアリー・アンジェリン・ダアノイ（二〇〇六）『フィリピン－日本国際結婚――移住と多文化共生』めこん。

佐竹眞明（二〇一一）「フィリピンから日本への結婚移民――出国ガイダンス・上昇婚・主体性」（佐竹眞明編著『在日外国人と多文化共生――地域コミュニティの視点から』明石書店）。

鈴木伸枝（二〇一一）「権力の三重奏――フィリピン人、日本人、植民地権力の場所」（藤原帰一・永野善子編『アメリカの影のもとで――日本とフィリピン』法政大学出版局）。

「成長を考える　数字が語る日本⑤」（二〇〇六）『日本経済新聞』（一一月四日）。

鈴木　勉（二〇一二）『フィリピンのアートと国際文化交流』水曜社。

高畑　幸（二〇〇三）「国際結婚と家族――在日フィリピン人による出産と子育ての相互扶助」（駒井　洋監修、石井由香編著『移民の居住と生活』明石書店）。

武田　丈編著（二〇〇五）『フィリピン女性エンターテイナーのライフストーリー――エンパワーメントとその支援』関西学院大学出版会。

橘木俊詔（一九九八）『日本の経済格差――所得と資産から考える』岩波新書。

橘木俊詔（二〇〇六）『格差社会――何が問題なのか』岩波新書。

「出稼ぎ大国 仕送り生かせ」（二〇〇六）『朝日新聞』（二〇〇六年四月二六日）。

DAWN編著（二〇〇五）『フィリピン女性エンターテイナーの夢と現実――マニラ、そして東京に生きる』DAWN－Japan 訳、明石書店。

「二〇組に一組が国際結婚」（二〇〇五）『朝日新聞』（二〇〇五年一月八日）。

入管協会（二〇〇六）『平成一八年度 在留外国人統計』。

橋本健二（二〇〇六）『階級社会――現代日本の格差を問う』講談社選書メチエ。

バレスカス、マリア・ロサリオ・ピケロ（二〇〇四）「一九七〇年代以降の日本におけるフィリピン人移民――その再構築に向けて」(『近現代日本・フィリピン関係史』池端雪浦・リディア・N・ユー・ホセ編、岩波書店)。

ベントゥーラ、レイ(一九九二)『ぼくはいつも隠れていた――フィリピン人学生不法就労記』松本剛史訳、草思社。

ベントゥーラ、レイ(二〇〇七)『横浜コトブキ・フィリピーノ』森本麻衣子訳、現代書館。

法務省(二〇一五)『在留外国人統計(旧登録外国人統計表』(http://www.moj.go.jp/housei/toukei/toukei_ichirain_touroku.html)。

細田尚美(二〇一一)「海外就労先を開拓し続けるフィリピン」(安里和晃編著『労働鎖国日本の崩壊――人口減少社会の担い手はだれか』ダイヤモンド社)。

山田昌弘(二〇〇六)『新平等社会――「希望格差」を超えて』文藝春秋。

山田昌弘(二〇〇七)『少子社会日本――もうひとつの格差のゆくえ』岩波新書。

終章　日本・アジア史の新たな接点を求めて——グローバル化とテロの時代のなかで

はじめに

二〇〇八年秋のアメリカのリーマン・ショック以来、世界経済は依然として不安定な状況が続いている。一九九〇年代初頭の日本のバブル崩壊と異なり、アメリカの「サブプライムローン」問題に端を発した金融危機は、欧米諸国を中心に不良債権をまき散らしたからである。一九九〇年代初頭の日本のバルブ崩壊から昨今のアメリカの金融危機への流れを、一九二〇年代の日本の金融危機から三〇年代の世界恐慌への流れとの類似で捉えることができるのかもしれない。そうだとすれば、現在の金融危機が管理通貨制度下の恐慌ゆえに過去の世界恐慌とは異なる側面をもつが、まさに「歴史は繰り返す」である（浜 矩子『グローバル恐慌——金融暴走時代の果てに』岩波新書 二〇〇九）。しかし、もう一歩踏み込んでリーマン・ショック以後の事態の展開を見ると、今回の金融危機が一過性のものではなく、近代資本主義そのものがいよいよ大きな転換点を迎えたことの現れとみるべきであろう（水野和夫・萱野稔人『超マクロ展望 世界経済の真実』集英社新書二〇一〇）。

今回の世界的金融危機を契機として、冷戦終結後にアメリカを軸として展開してきたグローバリゼーションが行き詰まり、ポスト・アメリカ時代への序曲が奏でられることになるのだろうか。しかし、たとえそうであったとしても、新しい時代はそう容易にやってきそうにない。これまでの多くの歴史的事実が私たちに冷酷なまでに指し示すように、ひとつの時代が終わる直前には、新しい時代への流れに逆行した反動的な動きが一層強化されるのが世の常である。この間、新しい時代を切り拓く努力を私たちが積み重ねるための知的自由を保証する空間は日ごとに狭められてきたようにすら思えてならない。しかし、そうした今日の時代状況だからこそ、私たちは、新しい時代を切り開く息吹に対してより敏感になる必要があるだろう。

こうした状況のなかで、一九九〇年以来「失われた二〇年」を経験してきた日本に対する海外からのまなざしにも若干の変化の兆しが感じられる（デイヴィッド・ピリング『日本——喪失と再起の物語』（上・下）、仲達志訳、早川書房　二〇一四）。ここでは、本書を締め括るにあたり、このような日本をめぐる海外からの新しいまなざしを意識しながら、近年の日本・アジア史の取り組みを振り返り、グローバリゼーションとテロの時代の対抗言説としての日本・アジア史構築の可能性を模索することにしたい。

1　ポストコロニアルから植民地近代性へ

日本と近隣アジア諸国の歴史研究の動向に着目するとき、比較文学や哲学・思想史などの分野から始まったポストコロニアル研究による非西欧世界の分析方法にひとつの有効性を見出すことができるだろう。すでにポストコロニアル研究に関しては、日本語の著書や翻訳書によって多くの概説がなされている。しかし、本書序章で示したように、私は、ポストコロニアル研究がアメリカを先頭とする今日のグローバリゼーションへの対抗言説としての意味をもちうるためには、「ポストコロニアル」をたんなる「植民地以後」ではない概念として位置づけることが肝要であると考えている。

酒井直樹も、『日本／映像／米国――共感の共同体と帝国的国民主義』（青土社 二〇〇七）で、「ポストコロニアル」を「植民地以後」という意味で使用するのを避けた方がよいとの見解を示している。酒井によれば、この用語における「ポスト」は「ポスト・ファクトゥム（post factum）」であって、「取り替えしがつかない」あるいは「回復不能な」事態における「ポスト」である。つまり、ポストコロニアルの視座からみると、植民地主義とは、偶然につけ加わった付帯的なものではなく、本質的事態である。この意味で、酒井は日本を事例として、植民地主義の歴史は日本人のなかに同一性として「取り替えしがつかない」かたちで刻印されていると主張する（同前：二九四～二九五）。

一九九〇年代以降、グローバリゼーションが加速するなかで、ナショナリズムや国民国家を単位とする集合的記憶が「支配的言説」であるとして、それを脱構築する議論に関心が集まった。これに対して、「ポストコロニアル」を「植民地以後」を超える概念と設定することにより、多くの場合、グローバリゼーションを暗黙のうちに是認しながら展開されてきた、ナショナリズムや国民国家についての批判的議論への対抗言説として、その意味をもちうるように思われる。

さらに、アジア諸国の歴史的変化とその特徴に接近するためのもうひとつの有効な概念として、「植民地近代性」に注目したい。「近代化」がともすれば西欧をモデルとしながら、一定の方向に向かった社会の進歩に対して肯定的な見解を提示する概念であるのに対して、「植民地近代性」とは、一九世紀後半以降今日にいたるまでアジア地域でさまざまなかたちで展開してきた植民地化や近代化の諸相に対して、より深淵な分析を与えうる概念である。この概念のもとでは、日本がアジアの特殊な国として近代化を経験してきたという、日本と近隣アジア諸国を比較検討するうえでこれまで通底してきた歴史的前提をも覆すことにつながってゆかざるをえない。

したがって、この概念は、アジア地域をたんに「西欧／アジア」、「帝国主義／民族独立運動」、「宗主国／植民地」、「先進国／発展途上国」、「支配者／被支配者」といった二分法で分断するのではなく、歴史的・空間的座標軸の差異を超えて、それぞれの国々や人々が一九世紀後半以降の近代化過程において抱えてきた共通の問題や異なる課題を吟味し、アジア近現代史への理解を深めることに役立つであろう（戸邊秀明「ポストコロニアリズムと帝国史研究」日本植民地研究会編『日本植民地研究の現状と課題』アテネ社　二〇〇八：六六〜七〇）。

この意味で注目すべき著作として、米谷匡史『アジア／日本』（岩波書店　二〇〇六）を挙げることができる。本書の議論の根幹は、アジア・太平洋戦争期以前の日本の思想家・知識人たちが「近代」をどのように捉えたのかについての批判的検討である。

米谷によれば、これまで近代日本思想史の文脈で日本の思想家・知識人たちの「アジア論」の批判的検討がなされてきたが、大方の議論が「西欧」対「アジア」あるいは「侵略」対「連帯」の二元論的構図のなかで展開されてきた。しかし「脱冷戦期」の混迷の渦中にある現在、このような枠組みを超えて、東アジアの思想家・知識人たちの間での知的葛藤と交錯の矛盾をはらんだダイナミズムを分析する必要があるという。なぜなら、アジア諸国は一九世紀後半に西欧の衝撃を受けて近代世界に組み込まれ、そのことによって、アジア諸国が互いに反目し合い、「支配者」と「被支配者」に分断されてきた。このような東アジアの重層的かつ錯綜し矛盾をはらんだ歴史状況を踏まえて、日本の戦前の思想家・知識人たちのアジアへの「侵略／連帯の両面が不可分に絡まりあう」知的営為に対する内在的分析を展開したことに、本書の意義がある。

米谷のこの試みはたちまち注目を集め、『情況』（二〇〇七年三・四月）で「特集〈アジア〉をめぐる知——米谷匡史『アジア／日本』を読む」が組まれた。この特集で最も興味深いのは、「巻頭インタビュー 狭間で考える『アジア／日本』をめぐる対話 米谷匡史＋大澤聡」である。このインタビューを読むと、『アジア／日本』が一九〇頁の小著でありながらきわめて濃密な議論を展開した、米谷の思想史家としての力量を裏づけるその哲学的思考を垣間みることができる。米谷は、自己の世界観を構築するうえで、「ニーチェ、アルチュセール、フーコー以来の、「反人間主義」の歴史観・社会観を、……徹底して考えてきたつもりです。人間の思考や身体は社会的関係のネットワークの網の目であり、そこではたらく力は主体が意識的に統御しうるものではない。間主体的な関係の場において、思考や身体は動かされるものです」（『情況』二〇〇七：四五）、と語る。こうした米谷の哲学的思考様式は、三木清や尾崎秀実の「きわどい思想」や「ある種のメシアニズム」（同前：二八〜二九）のなかで体現されていて示唆に富む。

なお、インタビューで米谷自身が語っているが、『アジア／日本』は、以下の二点で近年のアジア研究への痛烈な批判になっていることを付言したい。第一は、「単に「抵抗するアジアの他者」対「自己批判する日本」という構図では、すでに読み解けない問題に直面」していること（同前：一五）、そして第二は、「一国民国家史が〈一帝国史〉に拡大しただけであれば、批判的な意義は失われ」てしまうことである（同前：四五）。

2　東アジア歴史・文化研究の新動向

植民地近代性の議論は、歴史研究においても展開されている。『歴史学研究』第八三四号（二〇〇七年一一月）は「特集　東アジアにおける医療・衛生の制度化と植民地近代性」である。本特集は、医療・衛生の制度化の視角から植民地近代性の議論に接近したもので、東アジア、とくに韓国・朝鮮史研究における植民地近代化論からのアプローチに対する批判として設定されている。近年、植民地経験としての文化研究がさかんになってきたが、この特集では、とくに医療・衛生事業を軸として、統治権力と植民地社会における身体の関係性を明らかにすることを目的として、朝鮮・中国・台湾に関する四本の論文が収録されている。歴史研究からの新しい試みとして注目したい。と同時に、「植民地近代性」という概念を植民地近代化批判として設定する場合の座標軸の一層の明確化、さらには医療・衛生の制度化を現地社会の住民の視点から議論するための一層の工夫が今後必要なように思われる。

なお、戦後日本における朝鮮史研究の動向を手際よくまとめた論考として、趙景達「戦後日本の朝鮮史研究――近代史研究を中心に」『歴史学研究』（第八六八号、二〇一〇年七月）がある。他方、植民地近代性に関する研究動向については、『史学雑誌』「二〇〇六年の歴史学界――回顧と展望」第一一六編第五号（二〇〇七年五月）の「九　植民地」における趙景達の次の指摘が参考になる。趙は語る、「植民地近代論は脱植民地化についてしきりに語りつつも、民衆史への関心が薄い。民衆は植民地支配の最大の犠牲者であると同時に、執拗な抵抗者のはずである。植民地近代論が民衆史的視座をもって研究を進めたときにどのような植民地像が新たに出てくるのであろうか」（『史学雑誌』二〇〇七：一八二）、と。

趙は、前述の『情況』「特集〈アジア〉をめぐる知」でも「日本／朝鮮におけるアジア主義の相克」と題する論考を寄せている。この論考の冒頭で、趙は、米谷が『アジア／日本』において、山室信一の『思想課題としてのアジア』（岩波書店　二〇〇一）が「「アジア主義」が抱えた難点を反復してしまっている」点を批判していることに着目する。趙によれば、山室の『思想課題としてのアジア』を読んだとき、日本人がアジアを語るとき、依然として「日本のアジア」としてもっぱら語らなければならないのかという読後感をもったという。

私たち日本人はこのような指摘をより自覚的に受け止めるべきであろう。日本はアジアの一国であって、もはやその中心に位置しているわけではない。そして、冷戦終結後のアジアにおける日本の位置の変化を、私たちは歓迎すべきであろう。それは、近隣アジア諸国の人々と同じ目線で対話や議論を展開する場が広がったことを意味するからである。この意味で、韓国の文化研究に関する次の著書を取り上げたい。鄭百秀『コロニアリズムの超克――韓国近代文化における脱植民地化への道程』（草風館　二〇〇七）は、柄谷行人の書評（『朝日新聞』二〇〇七年一二月二日）がいみじくも指摘するように、韓国における日本の植民地化が強いた言語経験の相対化を試みた作品である。

韓国の近代小説は日本に植民地化されたなかで、日本の近代小説の翻訳を通して形成されてきた。しかし、これまで韓国における研究では、日本の植民地支配を批判し植民地的文化状況を克服するという視点から議論が進められてきたため、こうした事実に光があてられることが忌み嫌われた。こうした状況を踏まえて、鄭は、植民地化過程における韓国近代小説への日本の介入という事実に目をそむけることによって、むしろ植民地経験と脱植民地化の相互因果関係が解明できなくなり、「コロニアリズムの超克」への道が遮断されてきた点を強調する。鄭自身の言葉によれば、「コロニアリズムとアンチコロニアリズムの二項対立的構図の中で植民地的主体の位置を単純化すると、植民地主体の成立と発現が隠蔽されてしまう」（鄭　二〇〇七：一〇）のである。

ここにいたって植民地主義の克服とは、「支配者」に対する批判だけでなく、「支配者」の論理を受容あるいは流用してきた「被支配者」の側が「支配者」の論理の超克のための思考と行動の回路をもたなければ達成できないことになる。韓国に生まれ、日本の大学院で勉学し、現在、日本の大学で教鞭をとっている韓国人研究者から提示されたことの意味はきわめて大きい。それは日本におけるポストコロニアルや植民地近代性に関わる議論が、比較文学や哲学・思想史の領域を超えて、かつて植民地「支配者」と「被支配者」として分断された、日本と韓国・中国その他アジア諸国の研究者の間で展開する場が切り拓かれつつあることを示唆しているからである。

そして、それは、ポストコロニアルや植民地近代性など、欧米の学界で生まれた概念を日本・アジアの歴史研究や文化研究のなかで有効性をもたせるための知的営為へとつらなる可能性をもつものである。なお、この点に関連して、在日コリアンの視点から敗戦／解放から現在までの日本と韓国の歴史に深く分け入りつつ、冷戦と脱冷戦の時代を生きた人々の思想体験を跡づけた尹健次の大著『思想体験の交錯――日本・韓国・在日一九四五年以後』（岩波書店　二〇〇八）を見逃すことはできない。

さらに付言すれば、日本統治下の植民地経験を踏まえて韓国人研究者から近年提示されてきた視点は、一九七〇年代にすでにフィリピンの代表的批評家レナト・コンスタンティーノによって議論されてきた問題とも共通するものがある。本書第2章でも紹介したように、コンスタンティーノの著書や論文には多くの邦訳がある。その代表的著書である『フィリピン民衆の歴史』（全四巻、池端雪浦・永野善子訳、鶴見良行監訳、井

村文化事業社　一九七八〜七九）の議論の骨格を成した論文として、「民族的自覚の問題――フィリピン史の経験」（上・下）鶴見良行訳『思想』第六一〇〜六一一号（一九七五年四・五月号）がある。

本論文は、フィリピンにおける国民形成が植民地化のなかで展開し、国民という概念が固定されたものではなく発展的概念であることを位置づけている。さらに、複数の宗主国がフィリピンにもち込んださまざまの価値観が混入するなかでフィリピン民族が生成され、そのことにより民族的自覚が退化してしまった、という。コンスタンティーノは、そのことを自覚的にとらえ、そうした状況に抗するかたちで民族の自立を模索することの意義を説いている。鶴見良行の卓抜な解説によるように、この論文の原題を直訳すると「民族的存在観と民族的自覚」となる。コンスタンティーノはカウンター・コンシャスネス（時流に対抗する民族的自覚）という概念を創成して、フィリピン人に対して新しい歴史意識をもつことを示したのである。この意味で、冷戦時代にフィリピンで活躍した先駆的知識人のひとりとして、今日、その意義を再評価する必要があろう。この点について詳しくは、拙稿「抵抗の歴史としての反米ナショナリズム――レナト・コンスタンティーノを読む」（永野善子編著『植民地近代性の国際比較――アジア・アフリカ・ラテンアメリカ』御茶の水書房　二〇一三）を参照されたい。

なお、在日コリアンとしてのマイノリティの立場を相対化しながら、「内なる民族主義批判」を試みた著作として、李建志『朝鮮近代文学とナショナリズム――「抵抗のナショナリズム」批判』（作品社　二〇〇七）がある。また、東アジア研究からは逸脱するが、「在日三世」としての自己の立場を相対化しながら、北アイルランドのマジョリティであるユニオニストの心性と居場所を分析した労作に、尹慧瑛『暴力と和解のあいだ――北アイルランド紛争を生きる人びと』（法政大学出版局　二〇〇七）を挙げたい。また、朝鮮史研究会編『朝鮮史研究入門』（名古屋大学出版会　二〇一一）は、今日における日本と韓国における朝鮮史研究の動向を把握するうえで、きわめて有益である。

3　アジア史研究者による網野史学への接近

私たちが、グローバリゼーションとテロの時代を意識しつつ、日本・アジア史のなかの新しい接点を求めようとするとき、顧みるべき日本史研究は網野善彦が残した膨大な著作群である。二〇〇七～〇九年に岩波書店から『網野善彦著作集』（全一八巻と別巻）が刊行されたが、没後一〇年余を経て、網野史学は一段とその輝きを増しているように思えるのは、私の個人的体験からだろうか。

私は一九九〇年から神奈川大学に勤務しており、もちろん網野善彦の名声はよく知っていた。しかし、フィリピン研究を専門としてきたので、長らく網野史学と自分の関心との接点を見つけることができなかった。網野善彦の著作を私が読み始めたのは、一〇年ほどまえからであった。そのきっかけは、「アメリカを光源として日本とフィリピン社会の特徴を対照する」というプロジェクトのなかで、日本の象徴天皇制とフィリピンの英雄ホセ・リサールの神格化を比較考察するという研究テーマを設定したことにある（本書第4章参照）。日本史に関して私はまったくの素人であったので、まず象徴天皇制についての代表的な研究を読み進めていった。そうした矢先、『神奈川大学評論』第五三号（二〇〇六年三月）が「特集　網野善彦――「網野史学」と日本歴史学」を組んだ。「座談会「網野史学」と網野善彦をめぐって――中世史から日本史の全体像へ　安丸良夫・五味文彦・橘川俊忠」に目を通すなかで、網野史学へ接近するための最良のヒントを与えてくれる作品に、中沢新一『僕の叔父さん　網野善彦』（集英社新書　二〇〇四）があることを知った。

中沢は、網野善彦の一連の仕事のなかで『蒙古襲来』（初版、一九七四）、『無縁・公界・楽――日本の中世の自由と平和』（一九七八）、『異形の王権』（一九八六）の三冊がその核となる著作と位置づけている。また、網野自身の言によると、網野の天皇制へのこだわりは、学生から受けたつぎの二つの質問が大きな影響を与えたという。その二つの質問とは、「あなたは、天皇の力が弱くなり、滅びそうになったと説明するが、なぜ、それでも天皇は滅びなかったのか」、「なぜ、平安末・鎌倉という時代のみ、すぐれた宗教家が輩出したのか」だった（『[増補] 無縁・公界・楽』平凡社　一九九六：五～六）。こうして網野は呪術的な世界を根底に残す今日の天皇制の原点を見出し、それは現在にいたるまで尾をひく被差別民の問題とも無縁ではないとの結論にいたることになる（『異形の王権』平凡社　一九九三：二四六）。

ここに私たちは、マルクス主義的歴史観を乗り越え、日本の現実を直視しながら史料と格闘する歩みを続け、既存の民衆史観・国家論・ナショナリズムを超克した歴史家・網野の姿をみることができる。そして網野を突き動かしてきた内的動力は、中沢によるように「アジールの側に立つ歴史学」（『僕の叔父さん 網野善彦』第二章）であった。

かくして、私は網野の議論の立脚点が、一九八〇年代からインドで展開され国際的にも注目されてきたサバルタン研究と酷似していることに気がつくことになる。サバルタン研究の出発点も既存のマルクス主義的歴史観の克服にあり、インドの歴史的現実を直視しつつ、新しい思想の実践的フォーラムを形成していったからである（R・グハほか『サバルタンの歴史――インド史の脱構築』竹中千春訳、岩波書店　一九九八：三四九～三六〇）。ちなみに、網野史学とサバルタン研究の共通点については、アメリカの著名な日本史研究者キャロル・グラックによる簡単な言及がある（キャロル・グラック『歴史で考える』梅崎透訳、岩波書店　二〇〇七：

一七～一八)。

さらに網野の中世日本の民衆に関わる議論の視座は、フィリピンの代表的歴史家のひとりであるレイナルド・C・イレートの歴史観にも相通じるものがあることを指摘しておこう。本書でも詳しく紹介してきたが、イレートの『キリスト受難詩と革命――一八四〇～一九一〇年のフィリピン民衆運動』(邦訳、法政大学出版局　二〇〇五)は、「パション」と呼ばれるキリスト受難詩を読み説き、一九世紀末のフィリピン革命へといたる民衆運動の思想と行動の分析に対して新しい分析視角を提示し、その後の東南アジア研究にも大きな影響を及ぼしてきた。私たちは、こうした日本・アジア各国の代表的歴史学者による「アジールの側に立つ歴史学」の意義とその結節点に対してもっと意識的に関わるべきではなかろうか。そのことによって、近年のポストコロニアル研究や植民地近代性の議論をより鋭利かつ内省的な方向へと向かわせることができるように思われるからである。

ところで、中沢新一が網野史学の核として位置づけた、『蒙古襲来』、『無縁・公界・楽』、『異形の王権』の三冊とその後二〇年近くにわたる網野の仕事との連関(あるいは継続性)をどのように考えたらよいのだろうか。この点について適確な解答を与えている論考に、『大航海』第六五号(二〇〇八年一月)の「特集　網野善彦と日本史学の現在」のなかの小田亮「網野善彦を文化人類学的に読み解く」がある。小田は「一九八〇年代に形を現わしてきた網野史学が、晩年の時期にどのように変わってきたか」(同前：一五〇)に注目し、『「日本」とは何か』(講談社、二〇〇〇年)を取り上げている。そして『無縁・公界・楽』では、「漂泊する非農業民の世界＝無縁＝周縁と、定住する農業民の世界＝有主＝中心という二つの世界が実体的に異なる世界とされている」が、『「日本」とは何か』では「定住する農業民の世界の中に漂泊や無縁の原理を見出していく」(同前：一五二)と指摘している。確かに、このように理解すると、私たちは網野の「無縁」の原理に対してより普遍的な視野から接近することができそうである。

むすび

一九九〇年代に吹き荒れたグローバリゼーション旋風のなかで、国民国家やナショナリズムが批判の矢面に立たされた。そうしたなかで一国史レベルの民衆運動の研究に対しても関心が薄れてきたように思われる。だが、今日の世界において、依然として国民国家やナショナリズムが存在することには変わりはない。かつて網野善彦が、天皇制をいくら批判しても天皇制は日本の社会のなかにしっかり根をおろしているのはなぜかと自問自答して天皇制の歴史的意味を解明したように、グローバル化の時代だからこそ、私たちは国民国家やナショナリズムの存立基盤の意味を自己反省的視点に立って問い直すことが必要なのではなかろうか。民衆運動についてもしかりである。

日本思想史研究の重鎮・安丸良夫が朝日新聞に「「民衆運動─暴力」「狂信」のラベル貼る前に」と題するコラムを寄せている(二〇〇八年一月一四日)。安丸がそこで語ったように、現代世界はきわめて困難な問題に直面しており、容易に解決しそうにない。そうしたなかで、私たちは宗教的急進主義やナショナリズムと結合したテロリズムについて、ほんの表面しか知らないまま、それを日常意識から排除してしまっているのではないだろうか。未来を見つめる目は、現在と過去を結びつけることができる歴史意識を礎として育まれるはずである。そうだとすれば、今日の危機の状況のなかで、いま私たちに求められているのは、日本・アジアをつなぐ糸を「アジールの側に立つ歴史学」によって紡いでゆくことであろう。

さらに加えて、重要なことは、私たち日本人が「アジア」を論じる場合、日本で語られる「アジア」と近隣アジア諸国で語られるアジアとが異なる意味をもっていることに、これまで以上に配慮する必要があるように思われる。いうまでもなく、それぞれの国や地域の人々がもつ「アジア観」とは、それぞれの国や地域の人々がこれまで背負ってきた歴史的背景によって異なる。したがって、先見的に「アジアはひとつ」という観点からアジアを論じることは、むしろ危険である。この点に関しては、ガヤトリ・スピヴァクの「複数のアジア」への想像力の議論が有益となる（G・C・スピヴァク『スピヴァク、日本で語る』鵜飼哲監修、みすず書房 二〇〇九：一二五〜一四一）。スピヴァクがいみじくも語るように、「アジア」とは、場所ではなく、歴史と文化政治学の重荷を背負っており、それゆえに、私たちは「複数化されたアジア」を構想し、お互いの差異を尊重し、かつそれを知ることが、今求められているといえよう（同前：一二五、一三九）。

このような問題意識をもって、本書では、前半部の第1章から第3章では、主としてポストコロニアルの視点から、昨今のフィリピン歴史研究をめぐる論争や議論を紹介し、日本におけるフィリピン研究へのフィリピン人研究者による議論の受容と導入に関わる問題について議論した。そして座談会におけるグローバリゼーションとアメリカや日本・アジアとの関係についての討論をへて、第4章では、アメリカを光源としてフィリピンと日本の近現代史を比較する試みとして、国民表象としてのリサールと象徴天皇制を考察した。さらに第5章では、近年における日本社会の変容を踏まえて、日本人とフィリピン人の国際結婚のなかに潜む「アメリカ性」を析出した。第4章と第5章の議論は、アメリカの植民地として「アメリカ化」が先行したフィリピン社会と敗戦後のアメリカによる占領を経験した日本社会を比較する意味をもっており、日本とフィリピンにおける植民地近代性の共通項と差異を探し出す試みであった。とはいえ、いずれの章においてもまだ試論の域をでていない点が多々あることは否めない。今後も引き続きフィリピン社会をひとつの軸として、「複数化されたアジア」のなかの日本の位置について考えてゆきたいと思う。

あとがき

本書は、過去十数年の間に書き綴ったエッセイや論文に手を加えたり、翻訳したりして、一冊の書物としてまとめたものである。各章の初出は以下のとおりである。

初出一覧

序　章「記憶からポストコロニアルへ――「知の植民地」状況を超えるために」『神奈川大学評論』第三九号（二〇〇一年七月）。

第1章「フィリピンの知識人とポストコロニアル研究」（神奈川大学評論編集専門委員会編『ポストコロニアルと非西欧世界』御茶の水書房、二〇〇二年）、「反グローバリズム思潮としてのポストコロニアル批評――フィリピンの事例」『歴史学研究　増刊号』第七六八号（二〇〇二年一〇月）、「フィリピン歴史研究とポストコロニアル」『歴史と地理』（山川出版社）第六一一号（二〇〇八年二月）。

第2章　"Collective Memory in a Globalized Society: The Debate on the Philippine Revolution Reconsidered," IN *What is to be Written? Setting the Agendas for Studies of History: Workshop Proceedings*, ed. by Institute for International Studies (IISM), Meijigakuin University, Tokyo, 2004.

第3章　"Transcultural Battlefield: Recent Japanese Translation of Philippine History", UCLA Center for Southeast Asian Studies, CSEAS Occasional Papers, 2006 (http: //repositories.cdlib.org/international/uclacseas/op/Nagano).

〈座談会〉「9・11から未来社会へ――失われた一〇年と日本社会」『神奈川大学評論』第四〇号（二〇〇一年一一月）。

第4章　「象徴天皇制とホセ・リサールの神格化の比較」（藤原帰一・永野善子編『アメリカの影のもとで――日本とフィリピン』法政大学出版局、二〇一一年）。

第5章　「格差社会のなかの海外出稼ぎ者と国際結婚――在日フィリピン人の事例」（神奈川大学人文学研究所編『在日外国人と日本社会のグローバル化――神奈川県横浜市を中心に』御茶の水書房、二〇〇八年）。

終　章　「日本・アジア史の新たな接点を求めて――グローバル化とテロの時代のなかで」『神奈川大学評論』第五九号（二〇〇八年三月）。

私は一九七〇年代以来フィリピン社会経済史の研究に従事してきたが、この十数年余は社会経済史の仕事を続けながら、広くフィリピンの歴史研究や歴史学論争に関わる問題に関心を向けるようになった。そもそものきっかけは『歴史と英雄――フィリピン革命百年とポストコロニアル』（神奈川大学評論ブックレット11）（御茶の水書房、二〇〇〇年）を上梓したことによる。

このブックレットは、アメリカ人歴史学者グレン・A・メイ著『英雄の捏造――没後創られたアンドレス・ボニファシオ像』（一九九七年）を私がどのようにして批判的に読み解いたのかを、アメリカとフィリピンにおける論争を踏まえながら議論したものである。すでにブックレットにも書いたが、私がメイの著書を読んだのは一九九八年四月から一〇月までウィスコンシン大学東南アジア研究センターに客員研究員として在籍していたときだった。同大学にはアルフレッド・W・マッコイをはじめとしてアメリカ人の著名なフィリピン研究者たち数名がいたものの、彼らのメイに対する評価と私の見解との間には際立った違いがあった。

そこで私と同じようなメイの著書の読み方をする研究者はいないのだろうかと思いめぐらせていた。一九九八年一一月から翌年三月まで国立フィリピン大学経済学部に客員研究員として在籍したが、そのときに出会った著書が、レイナルド・C・イレート著『フィリピン人と革命――出来事・言説・歴史叙述』（一九九八年）であった。期せずして、イレート氏は二〇〇〇年秋から一年ほど東京外国語大学アジア・アフリカ言語文化研究所の客員教授として東京に滞在されたので、その際にこの歴史学論争を軸としてフィリピン歴史研究に関して多くの議論をする機会に恵まれることになった。

上記のブックレットを執筆していたとき、社会経済史を専門とする私がこのような本を書くのはこれが最初で最後であろうと考えていた。ところが、小著ながら、知人やフィリピン研究に関心を向ける方々から比較的好意的な批評を頂戴したこともあり、その後、学内外のいくつかの研究プロジェクトに携わりつつ、ポストコロニアル批評に関する論考を少しずつ書き溜めることになった。本書は、そのような私の小さな歩みの軌跡であり、これから新たな道を探索してゆくための一里塚となればと願っている。ご批判を乞う次第である。

本書をまとめるにあたり、上記のブックレットを書く機会をいただいた小林孝吉氏に感謝します。第3章については草稿の段階で清水展氏から貴重なコメントを頂戴し、本書全体の構成については勝康裕氏から有益なアドバイスをいただきました。出版に際しては、御茶の水書房編集部の黒川恵子氏から多くのご支援を賜わりました。心よりお礼申し上げます。

そして、この著書を、二〇一五年一月に白寿を迎え、六月に自宅で安らかに旅立った母・永野コウに捧げます。

二〇一六年一月

永野善子

人名索引

あ行

か行

さ行

た行

な行

は行

ま行

や行

ら行

事項索引

アルファベット

ア行

タ行

ナ行

ハ行

マ行

ヤ行

ラ行

ワ行

著者紹介

永野善子（ながの　よしこ）

1950年生、一橋大学大学院社会学研究科博士課程修了（社会学博士）
現在：神奈川大学人間科学部教授
専攻：国際関係論（アジア社会論）
主要著書：『フィリピン経済史研究』(1986年)、『砂糖アシエンダと貧困』(1990年)、『国家とエスニシティ』(共著、1997年)（以上、勁草書房)。『歴史と英雄』(2000年)、『ポストコロニアルと非西欧世界』(共著、2002年)、『フィリピン銀行史研究』(2003年)、『植民地近代性の国際比較』(編著、2013年)(以上、御茶の水書房)。『フィリピンの環境とコミュニティ』(共著、明石書店、2000年)。『フィリピン歴史研究と植民地言説』(監訳、めこん、2004年)。『キリスト受難詩と革命』(共監訳、2005年)、『アメリカの影のもとで』(共編、2011年)（以上、法政大学出版局)。*The Philippines and Japan in America's Shadow* (共編、NUS Press, 2011). *State and Finance in the Philippines, 1898-1941* (Ateneo de Manila University Press & NUS Press, 2015).

日本《にほん》／フィリピン歴史対話《れきしたいわ》の試《こころ》み——グローバル化時代《かじだい》のなかで

2016年3月31日　第1版第1刷発行

著　者——永野善子

発行者——橋本盛作

発行所——株式会社御茶の水書房

〒113-0033 東京都文京区本郷 5-30-20
電話 03-5684-0751

装幀——松岡夏樹

印刷・製本——東港出版印刷株式会社

Printed in Japan

ISBN978-4-275-02028-4 C3036